Wie sag ich's meinem Pferd?

Kerstin Diacont

Wie sag ich's meinem Pferd?

Einbandgestaltung: Dos Luis Santos

Fotos:
(Foto-Archiv Diacont) Karin Anders: Titel unten re, S. 6 oben li, S. 16 re, S. 26, S. 29, S. 48, S. 56 oben li, S. 74–75, S. 85–86, S. 94, S. 106 li, S. 127 - Rachel Closset: S. 63 oben - Karl-Heinz Ploch: S. 13 mitte - Peter Sowada: S. 109, S. 157 re - Frank Wagner: S. 35, S. 47 re, S. 59–60, S. 77 re unten, S. 140 li, S. 142 re oben und unten S. 143 unten, S. 151 unten - Dagmar Wirsing: S. 93
Alle übrigen Fotos sowie alle Grafiken: Kerstin Diacont

ISBN 3-275-01488-9

Sie finden uns im Internet unter http://www.mueller-rueschlikon.ch

1. Auflage 2004

Lektorat: Claudia König
Innengestaltung: Kerstin Diacont
Reproduktionen: digi bild reinhardt, 73037 Göppingen
Druck und Bindung: Graspo a.s., Zlín
Printed in Czech Republic

Dank für nützliche Anregungen, konstruktive Kritik und für die Hilfe bei der Erstellung der Fotos an:
Karin Anders, Patrizia Andler, Martina Belzer, Katharina Benzinger, Rachel Closset, Ute Doberstein, Melanie Ellenbrand, Narciso Arcas Garcia, Petra Ihring, Kirsten Katzenmayer, Dr. Michaela Kipper, Juana Kissner, Claudia König, Ute Merkel, Jaqueline Passmann, Karl-Heinz Ploch, Hanna Rietema, Ines Scholtyssek, Peter Sowada, Frank Wagner, Dagmar Wirsing, Eva Zapf.

Inhalt

Kapitel 1

Eine Einführung in die Kommunikation zwischen Mensch und Pferd in 5 Schritten 8

1. Schritt: Verständnis 11
2. Schritt: Balance 16
3. Schritt: Einfache Kommunikation durch Einsatz der Körpersprache 20
4. Schritt: Komplexere Hilfen feinere, differenziertere Kommunikation 22
5. Schritt: Minimierung der Signale 23

Kapitel 2

Welche Arten der Kommunikation gibt es zwischen Mensch und Pferd? 24

Übungen für mehr Körper-Bewusstsein 36
Grundsätze für die Hilfengebung am Boden und im Sattel 39
Minimierung der Hilfen zu Hilfenkürzeln 40
Anatomische und psychologische Grundlagen für Reiter 42

Kapitel 3

Einfache Hilfen und deren Grenzen 46

Balance in der Bewegung in 6 Schritten
1. Der Gleichgewichtssitz 50
2. Der Gleichgewichtssitz des Reiters in den verschiedenen Gangarten 52
3. Der Gleichgewichtssitz als Grundlage effektiver Kommunikation 67
4. Das Gleichgewicht des Pferdes unter dem Reiter
5. Schwerpunkt und Gleichgewicht Die gezielte Störung des Gleichgewichts als Basis-Kommunikationsmittel 69
6. Das Rückwärtsrichten und seine Bedeutung 73

Kapitel 4

Komplexe Hilfensysteme und warum sie nötig sind 76

Funktionsgymnastik des Pferdes 79

Die klassische Ausbildungsskala 83

Grundsätze von komplexen Hilfensystemen 85

Sensibilisierung auf die Hilfen durch die »Intervalltechnik 89

Die Wirkung des Zügels 93

Ziele der Ausbildung und wie man sie mit den richtigen Hilfenkombinationen erreicht

Ziel 1: Takt 99

Ziel 2a: Losgelassenheit 104

Ziel 2b: Verbesserung der Koordination für Reiter und Pferd 107

Ziel 2c: Erziehung und Angstbewältigung 114

Ziel 2d: Geraderichten durch Biegeübungen 117

Seitengänge als Sonderform der Biegung 120

Das Schulterherein 122

Das Travers oder Kruppeherein 123

Die Traversale 125

Ziel 3: Durchlässigkeit und Anlehnung erreichen und verbessern 126

Ziel 4: Entwicklung von Tragkraft und Schwung 127

Exkurs: Schubkraft und Tragkraft 129

Ziel 5: Eine Parade geben 131

Ziel 6: Versammlung 138

Kapitel 5

Hilfenkombinationen und Kommunikationsansätze zur Problemlösung 142

Häufige Fehlerquellen 145

Die Kardinalfehler und deren Korrektur:

Ausweichmanöver des Pferdes 147

A. Unkontrolliertes Tempo: 147

A.1. Das Pferd rennt 147

A.2. Das Pferd geht nicht vorwärts 149

B. Unterbrechung des Spannungsbogens 153

C. Keine Richtungskontrolle 153

C.1 Das Pferd läuft über die Schulter weg 153

C.2 Das Pferd kippt über die innere Schulter in die Wendung hinein 155

Exkurs: Korrekturen in Konterstellung 156

Reiterfehler 157

D. Kein unabhängiger Sitz 157

E. Der Reiter benutzt seine Hilfen nicht in der Intervalltechnik 158

F. Der Reiter bleibt zu passiv 159

Register 159

Einführung

Eine Einführung in die Kommunikation zwischen Mensch und Pferd in 5 Schritten

- 1. Schritt: Verständnis
- 2. Schritt: Balance
- 3. Schritt: Einfache Kommunikation durch Einsatz der Körpersprache
- 4. Schritt: Komplexere Hilfen feinere, differenziertere Kommunikation
- 5. Schritt: Minimierung der Signale

Verständnis für den anderen ...

Eine Einführung in die Kommunikation zwischen Mensch und Pferd in 5 Schritten

Jede Begegnung zwischen zwei Individuen ist Kommunikation. Natürlich auch die zwischen Mensch und Pferd. Es ist unmöglich, dass bei einer Begegnung keine Kommunikation stattfindet. Es ist jedoch sehr gut möglich, dass sich die beiden Individuen nicht verstehen. Je weiter sich die beiden von ihren natürlichen Verhaltens- und Kommunikationsstrukturen unterscheiden, desto schwieriger wird eine Verständigung. Zwischen Fisch und Mensch ist eine Verständigung sehr viel schwieriger als zwischen Hund oder Pferd und Mensch. Zwar werden Mensch und Fisch sich gegenseitig hinsichtlich potenzieller Gefährlichkeit oder hinsichtlich der »Verwertbarkeit« als Futter abschätzen können, eine differenzierte Kommunikation ist jedoch sehr unwahrscheinlich.

Die Kommunikation mit unseren Haustieren ist jedoch auf einem recht hohen Level möglich. Sie wird umso besser, je besser der Mensch die Verhaltensstrukturen des Tieres kennt und versteht.

Bedenkt man jedoch, wie schwer es schon zwischen zwei Menschen des gleichen Kulturkreises ist, sich »richtig« zu verstehen und Missverständnisse zu vermeiden, so ist es klar, dass die Verständigung zwischen zwei Menschen stark unterschiedlicher Kulturkreise oder die zwischen zwei Individuen unterschiedlicher Arten einige Schwierigkeiten in sich birgt.

Grundlage richtigen Verstehens ist das Verständnis für den Standpunkt und die Lebensweise des anderen. Und damit kommen wir gleich auf den Punkt: Der Mensch muss das Pferd verstehen, damit das Pferd ihn verstehen kann.

Die Schnittstelle für die gemeinsame Sprache, die beide beherrschen, wird im Verlauf der Ausbildung größer.

Kriterien für eine gute Verständigung

- **Der Mensch muss zuerst das Pferd verstehen, damit das Pferd ihn verstehen kann.**
- **Der Mensch muss Partner und Lehrer für das Pferd sein.**

1. Schritt: Verständnis

A. Der Mensch versteht die Sprache des Pferdes

Der Mensch muss lernen, die Sprache des Pferdes zu verstehen. Dann kann er auf der Verständnisebene des Pferdes agieren. Nur auf dieser Ebene kann er mit dem Pferd kommunizieren.

Ein schwerwiegender Fehler in jeder Kommunikation ist, Informationen oder Lerninhalte auf der falschen Ebene vermitteln zu wollen. Jeder gute Lehrer weiß, dass er seine Schüler weder überfordern noch langweilen darf, wenn er sie aufnahmefähig und bei Laune halten will. Er muss seine Schüler an dem Punkt »abholen«, an dem sie sich geistig und körperlich befinden. Ein Kind, welches das ABC noch nicht beherrscht, kann mit einem zusammenhängenden Text nichts anfangen. Genauso wenig kann ein Pferd, welches keine fundierte Grundausbildung erhalten hat, etwas mit den komplexen Hilfen für eine Traversale anfangen. Es weiß einfach nicht, was sie bedeuten.

Prinzipiell hat es überhaupt keine Veranlassung, den Wünschen eines Menschen Folge zu leisten, denn die Arbeit für und mit dem Menschen ist nicht gerade sein natürlicher Lebensinhalt. Und seine Lebensbedingungen in muffigen Ställen entsprechen oft nicht im Mindesten einer artgerechten Lebensweise. Erstaunlicherweise sind trotzdem die meisten Pferde bereit, dem Menschen auf die eine oder andere Weise zu dienen. Warum das so ist und wie man die Zusammenarbeit möglichst erfreulich und harmonisch für alle Beteiligten gestalten kann, soll in den folgenden Kapiteln erläutert werden.

Wenn Sie die Pferdesprache erlernen wollen, müssen Sie Pferde beobachten, wie sie in ihrem natürlichen Umfeld miteinander umgehen. Das natürliche Umfeld des Pferdes ist die Herde. Die Herde bietet Schutz und soziale Kontakte. Eine Pferdeherde ist streng hierarchisch aufgebaut. Es gibt einige einfache Regeln, die für alle verbindlich sind. Besonders in Gefahrensituationen ist es wichtig, dass diese Regeln ohne »Diskussionen« eingehalten werden.

Die Traversale setzt eine fundierte Grundausbildung voraus.

Herdenverhalten:

1. *Rangniedere Pferde dürfen nicht überholen.*
2. *Drohgebärde: Rangniedere Pferde müssen ausweichen.*
3. *Der Hengst kann alle anderen Pferde von hinten treiben und auch deren Bewegungsrichtung kontrollieren.*

1. »Alphatiere«

Die Leittiere sind die absoluten Chefs

Sie können jedes andere Pferd von seinem Platz vertreiben und geben bei einer Flucht (vor Raubtieren) die Richtung vor. Es gibt eine Leitstute, die vorneweg läuft und einen Leithengst, der sowohl vorne laufen als auch die Herde von hinten treiben und zusammenhalten kann.

2. »Überholverbot«

Rangniedere Tiere dürfen die Leitstute nicht überholen – insbesondere wenn sich die Herde auf der Flucht befindet.

Dieses Verhalten kann man oft auch bei ranghohen gerittenen Pferden beobachten, die sich nur sehr ungern überholen lassen und manchmal das überholende Pferd sogar attackieren. Mit diesem Überholverbot wird sichergestellt, dass die erfahrensten Pferde die Richtung bestimmen und die Herde zusammenbleibt und sich nicht zerstreut. So werden die unerfahrenen und schwächeren Jungtiere geschützt.

3. »Verschwinde« – oder

»Wer wem ausweichen muss.«

Das Ausweichverhalten ist besonders deutlich zu beobachten, wenn es ums Futter geht. Ein ranghohes Pferd frisst zuerst und säuft zuerst. Räumt das rangniedere Pferd nicht schnell genug das Feld, wenn das ranghöhere seinen Platz beansprucht, dann setzt es Bisse und Huftritte. Da sind Pferde nicht zimperlich. Ist die Rangordnung jedoch geklärt, so reicht oft ein leichtes Anlegen der Ohren oder ein Heben des Hinterbeines, um den Rangniederen zu vertreiben.

Unsere domestizierten Pferde zeigen noch die gleichen Verhaltensweisen wie ihre wild lebenden Verwandten. Wenn Sie wissen wollen, welches Pferd in einer Gruppe von Pferden das ranghöchste ist, dann stellen Sie einen Eimer mit Kraftfutter in die Mitte eines Auslaufs und schauen, welches der Pferde das Kraftfutter frisst.

»Der Rangniedere muss ausweichen und darf nicht überholen«

Auf diesen einfachen Grundregeln in der Herde basiert jede Kommunikation mit dem Pferd – bis

Grundregeln in der Herde

- **Eine Herde ist streng hierarchisch aufgebaut.**
- **Die Herde bietet Schutz und Sicherheit.**
- **Das Leittier ist der unangefochtene Chef. Rangniedere Tiere müssen ausweichen und dürfen nicht überholen.**

in die höchsten Klassen der Dressur. (An dieser Stelle sollte Ihnen als Reiter auch schon klar geworden sein, dass der Rangniedere in der Mensch-Pferd-Beziehung natürlich nicht der Mensch sein darf.)

Alle Übungen am Boden (von einfachen Führübungen bis zur Arbeit am langen Zügel) und unter dem Sattel bauen im Grunde darauf auf, dass wir als Mensch in der Lage sind, das Pferd in Bewegung zu setzen, sein Tempo und seine Gangart zu kontrollieren, es in eine von uns gewünschte Richtung zu dirigieren und in jeder Situation anhalten können. Diese Kontrollfähigkeit hat in der Herde nur das Leittier, also das ranghöchste Tier.

Der Mensch als Alphatier

Sie als Reiter müssen sich dem Pferd gegenüber verhalten wie ein Leittier (Alphatier). Nur dann haben Sie die Chance, die Aufmerksamkeit des Pferdes zu erlangen und es so auszubilden, dass Sie es auch kontrollieren können. Denn ohne eine sichere Kontrolle des Pferdes wird das Reiten schnell zu einem lebensgefährlichen Sport.

Um sich so verhalten zu können, müssen Sie die Sprache des Leittieres sprechen – d.h. die Gesten und Signale des Leittieres imitieren.

1

2

3

Die Übungen der Bodenarbeit sind aus den Herdenregeln abgeleitet.

1. Treiben von hinten = Führen von hinten.

2. Ausweichen rückwärts.

3. Je aufmerksamer beide Teilnehmer, desto besser die Kommunikation.

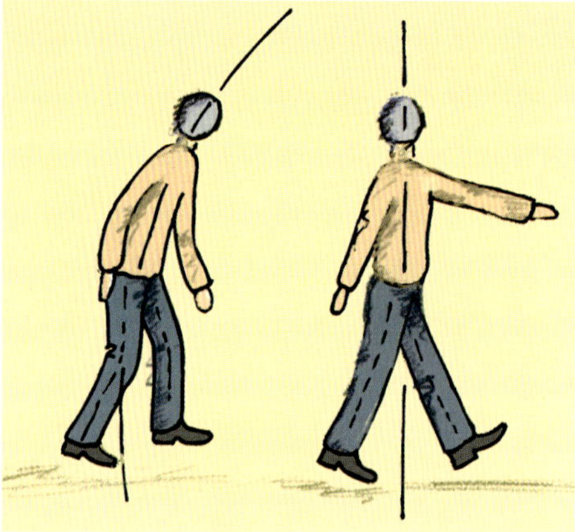

Die »Ich-mache-das-jetzt-Haltung« (rechts) und die »Ach-ich-weiß-nicht-so-recht-ob-es-klappt-Haltung« (links).

Die Sprache des Körpers – nonverbale Kommunikation

Die Sprache des Pferdes ist bis auf wenige Ausnahmen eine Sprache des Körpers. Imponiergehabe, verschiedene Drohgebärden, aber auch Willkommensgesten, der Ausdruck von Zufriedenheit, Neugier, Schmerz oder Angst in Gesicht und Haltung des Pferdes sind für uns Menschen nach kurzer Zeit der Übung recht gut erkennbar. Besonders, wenn uns jemand sagt, worauf wir achten müssen, können wir bald die Signale der Pferde verstehen.

Nun müssen wir uns aber auch unserer eigenen Bewegungen und damit der körperlichen Signale, die wir selbst aussenden, bewusst werden. Sie meinen, das wäre kein Problem? Sie wissen, wie Sie auf andere und auf Ihr Pferd wirken? Die Realität zeigt etwas anderes. Der moderne Mensch lebt so weit entfernt von der Natur und verlässt sich so sehr auf seine verbalen Fähigkeiten zur Kommunikation, dass die Körpersprache bei vielen verkümmert ist. Haltungsfehler und Wirbelsäulenschäden durch Schreibtischarbeit und mangelnde Bewegung gehören zu den gängigen Zivilisationskrankheiten. Der krumme Rücken, das eingezogene Genick, die einseitig hängende Schulter – all das nimmt der Mensch im Büroalltag nicht wahr – zumindest so lange nicht, bis sich Beschwerden einstellen. Bei der Arbeit mit Pferden sind jedoch gerade Haltung und Gestik von entscheidender Bedeutung. Der hängende Kopf, die zusammengesunkene Gestalt signalisieren Unsicherheit bei der Bodenarbeit und machen bei der Arbeit im Sattel eine differenzierte Einwirkung unmöglich.

Die unzähligen Seminare zum Thema nonverbale Kommunikation im Bereich des Management-Trainings beweisen, dass das Thema »bewusste Bewegung« nicht nur für den Reiter, der das Pferd »führen« soll, sondern für jede Art von Menschenführung gleichermaßen von Bedeutung ist.

Sich seiner selbst bewusst werden, Bewusstheit für die eigene Bewegung und deren Qualität sowie für die eigene Ausstrahlung zu entwickeln, ist also eine der wichtigsten Voraussetzungen für die effektive Kommunikation mit dem Pferd. Ob diese Kommunikation dann später am Boden oder vom Sattel aus stattfindet, ist erst einmal zweitrangig.

Was zeichnet ein Leittier aus?

Ein guter Chef braucht Führungsqualitäten. Dazu gehören neben erlerntem Wissen, erworbenen Fertigkeiten und Erfahrung vor allem ein gesundes Selbstbewusstsein, innere Sicherheit (Souveränität, Autorität) und die Fähigkeit, schnelle Entscheidungen zu treffen.

Unsicherheit, Unentschlossenheit und Angst – besonders wenn sie unterschwellig und unbewusst vorhanden sind – untergraben jeden Autoritätsanspruch.

Führungsqualitäten als Grundlage für gute Kommunikation

- **Echte Autorität ist Souveränität. Sie basiert auf Wissen, Kenntnissen, Erfahrung, erworbenen Fertigkeiten, Können, Selbstbewusstsein und der Fähigkeit, schnell zu reagieren und sichere Entscheidungen zu treffen.**

Mag ein schlechter Vorgesetzter in einem Bürojob seine mangelnden Führungsqualitäten noch eine Weile durch einige Tricks und Wichtigtuerei überspielen können, so funktioniert das bei der Arbeit mit Pferden nicht. Ein Pferd durchschaut den »Wichtigtuer« sofort, da Pferde auf körpersprachliche Signale reagieren, die eine gespielte Autorität schnell Lügen strafen. Einen unsicheren Menschen verraten immer seine Körperhaltung und seine unentschlossene Gestik.

B. Das Pferd versteht die Sprache des Menschen

Das Pferd versteht den Menschen dann, wenn der Mensch seine Körpersprache sicher beherrscht. Ist dieses Grundverständnis vorhanden, kann der Mensch dem Pferd auch bis zu einem gewissen Grad die Bedeutung verschiedener Worte vermitteln. Das Pferd lernt, bestimmte Kommandos, wie Halt, Zurück, Trab, Schritt, Galopp oder Vorwärts, Langsam etc. zu unterscheiden und zu befolgen. Dabei werden körpersprachliche Signale in Verbindung mit diesen Worten gegeben, so dass das Pferd praktisch die Vokabeln einer Fremdsprache (eben der verbalen Sprache des Menschen) lernt. Besonders für die Longenarbeit ist dies von großer Bedeutung. Aber auch zur Etablierung verschiedener komplexer Hilfen bei der Arbeit unter dem Sattel ist die kurzfristige oder auch längerfristige Verwendung zusätzlicher verbaler Signale eine Erleichterung. Natürlich reagieren Pferde auch immer auf die Stimme des Menschen an sich und ihre emotionalen Komponenten, die sich in Stimmlage, -höhe und Lautstärke mitteilen.

Nun kann es passieren, dass das Pferd die Signale des Menschen sehr wohl versteht, aber trotzdem seine Wünsche ignoriert. Das passiert vor allem dann, wenn es unaufmerksam und/oder ängstlich ist und dem Regenschirm oder dem Grashälmchen am Reitbahnrand mehr Aufmerksamkeit schenkt als dem Menschen, der da etwas von ihm will.
Unaufmerksamkeit ist immer ein Zeichen dafür, dass die Rangfolge nicht ganz klar ist – auch

Gerade Haltung und deutliche Gestik sind beim Umgang mit dem Pferd nötig.

Das Pferd muss wach (aufmerksam) und ruhig sein, um dem Menschen »zuzuhören«.

Das Pferd läuft unter das Gewicht des Reiters; es reicht eine leichte Gewichtsverlagerung.

wenn Angst die Ursache der Unaufmerksamkeit ist.

In solchen Fällen muss der Mensch immer und unter allen Umständen zuerst die Aufmerksamkeit des Pferdes wieder auf sich und seine Signale lenken. Wie das geht und warum das so wichtig ist, wird später noch genauer ausgeführt.

2. Schritt: Balance

Inneres und äußeres Gleichgewicht sowohl des Pferdes als auch des Reiters sind Voraussetzung für einen harmonischen Umgang miteinander und eine Verständigung ohne unnötige »Diskussionen«.

Balance in der Bewegung – die »einfache Gleichgewichtstheorie«

Der Mensch lernt als angehender Reiter, sein Gleichgewicht auf dem Pferderücken in den verschiedenen Gangarten zu finden. Dabei ist er zu Anfang darauf angewiesen, dass das Pferd ihm »zeigt«, wie das geht. Dazu braucht er natürlich ein ausgebildetes, ruhiges und gehorsames Pferd, welches sich selbst im Gleichgewicht befindet und einen gleichmäßigen Bewegungsrhythmus einhalten kann, auch wenn der Neuling auf seinem Rücken es manchmal stört.

Hat der Reiter gelernt, den Bewegungsrhythmus zu erfühlen und sitzt ausbalanciert, ohne sich am Zügel festzuhalten, ist er in der Lage, seine Position auf dem Pferderücken gezielt zu verändern,

In der Ruhe liegt die Kraft

Inneres und äußeres Gleichgewicht sowohl des Pferdes als auch des Reiters sind Voraussetzung für einen harmonischen Umgang miteinander und eine sichere Verständigung.

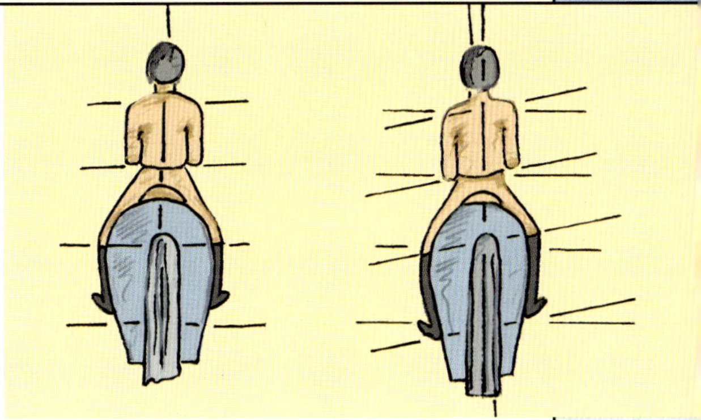

Seitliche Gewichtsverlagerungen müssen kurz sein und bewusst eingesetzt werden.

so dass er mit dieser Veränderung dem Pferd ein deutliches Signal geben kann (die so genannte Gewichtshilfe).

Diese Positionsveränderung zielt immer auf das Gleichgewicht des Pferdes. Besonders junge, unverdorbene Pferde reagieren meist sehr sensibel auf die Gewichtshilfen des Reiters. Diese Pferde haben noch nicht gelernt, sich mit dem Zusatzgewicht des Reiters neu auszubalancieren und werden durch eine Gewichtsverlagerung zur Seite, nach vorne oder hinten regelrecht aus der Balance gebracht.

Eine gezielte – kurzfristige – Störung der Balance des Pferdes ist die Grundlage für jede Art von Hilfengebung. Das Pferd versucht dieser Störung zu begegnen, indem es »unter das Gewicht des Reiters läuft«.

Verlagert der Reiter sein Gewicht nach rechts, so folgt das Pferd, indem es nach rechts läuft (abwendet), weil es seinen Schwerpunkt wieder unter den des Reiters bringen will. Damit hat der Reiter seine erste Rechtswendung geritten, ohne den Zügel zum Abwenden auch nur angefasst zu haben.

Nimmt er nach dieser erwünschten Reaktion des Pferdes nun aber die Gewichtsverlagerung nicht zurück, so hat das Pferd mit der Reaktion nichts gewonnen, denn der Reiter stört immer weiter sein Gleichgewicht. Das führt schließlich dazu, dass sich das Pferd gegen die Gewichtsverlagerung wehrt, indem es »dagegen drückt«. Es macht die Schulter steif und läuft geradeaus weiter. Das ist die beste Methode, um ein Pferd auf Dauer gegen die Gewichtshilfen abzustumpfen. Bei vielen älteren, »zähen« Pferden ist genau das passiert.

Zwei Individuen mit einem jeweils eigenem Gleichgewicht werden zu einem neuen »Wesen« mit gemeinsamem Gleichgewicht.

Balance

Balance halten ist nicht immer einfach.

(Stellen Sie sich vor, einen Rucksack mit einem Hund von 15–20 kg Gewicht zu tragen, der von einer Seite zur anderen fällt und Sie können sich sicher vorstellen, was ein unausbalanciert sitzender Reiter, der von einer Seite zur anderen kippt, auf einem jungen Pferd anrichten kann.)

Die Einstellung des jungen Pferdes auf die Gewichtshilfen funktioniert immer nur dann richtig, wenn die Störungen seiner Balance so kurz und kontrolliert erfolgen, dass es sich mit der erwünschten Reaktion wieder ins Gleichgewicht bringen kann. Der Reiter kann somit Rechts- und Linkswendungen nur mit der Gewichtsverlagerung einleiten. In Reinform funktioniert dies jedoch nur im Schritt und vielleicht noch im langsamen Trab. In schnelleren Gangarten und engeren Wendungen, wie Volten und Seitengängen, kommen einige erschwerende Faktoren hinzu, die verschiedene Kombinationen mit Zügel- und Schenkelhilfen notwendig machen. Dazu mehr in Schritt 4.

Auch das Anreiten und Beschleunigen mit der Verlagerung des Reiterschwerpunktes nach vorne sowie das Anhalten oder Verlangsamen mit dem Verlagern des Reiterschwerpunktes nach hinten fällt unter diese »einfache Gleichgewichtstheorie«. Doch auch hier gibt es bestimmte erschwerende Faktoren im Verlauf der Ausbildung, die die Kombination mit weiteren Hilfen notwendig machen.

4 x Gleichgewicht

Der Mensch als Ausbilder des Pferdes ist für 4 Gleichgewichte verantwortlich:

- **Er muss seine körperliche Balance erlangen und wahren, auch wenn das Pferd einen Bocksprung macht.**
- **Er muss seine innere Ruhe behalten, auch wenn ihn das Pferd einmal ärgert.**
- **Er muss dafür sorgen, dass sich das Pferd unter ihm neu ausbalanciert (äußeres Gleichgewicht).**
- **Er muss dafür sorgen, dass es ruhig wird, d.h. sein inneres Gleichgewicht unter dem Reiter findet.**

Vertrauensaufbau – Angstbewältigung am Beispiel einer Regenjacke.
Auf dem oberen Bild ist der Verlust des psychischen Gleichgewichts auch an der körperlichen Haltung des Pferdes zu sehen.

Das innere Gleichgewicht – Ausgeglichenheit, Ruhe, Vertrauen

Neben dem äußeren Gleichgewicht ist auch die Ausgeglichenheit ein wichtiger Faktor für die erfolgreiche Kommunikation mit dem Pferd. Souveränität und Autorität des Reiters entstehen immer nur aus dem inneren Gleichgewicht heraus. Und das Pferd ist nur lernbereit und aufnahmefähig, wenn es sich in einem angst- und stressfreien, ruhigen Grundzustand befindet.

Der angehende Reiter, der Anfänger, ist erst einmal nur dafür zuständig, sich selbst in den Griff zu bekommen, was sowohl äußere als auch innere Balance angeht.

Das freie Pferd ohne Reiter ist auch nur für seine eigene Balance zuständig. Das ändert sich, wenn der Mensch mit ihm arbeitet und es kontrollieren will. Um das Pferd und sich selbst vor Schaden zu bewahren, muss der Reiter es in der Ausbildungsphase einigen Stress erzeugenden Fakto-

Straffe Haltung mit Reichweitenverlängerer (Gerte) – das Pferd steht in Hab-Acht-Stellung und wird gleich das Feld räumen.

ren aussetzen und es dann davon überzeugen, dass es keine Angst zu haben braucht. Das nennt man Vertrauensaufbau. Dieser Vertrauensaufbau funktioniert sowohl auf der körperlichen Ebene als auch auf der psychischen.

Das Pferd lernt, dass alles, was der Mensch als Leittier von ihm verlangt, nicht gefährlich ist. Es lernt, auf die vom Reiter verursachten Balanceprobleme zu reagieren, die »Hilfen anzunehmen«. Es lernt, seinen Fluchtimpuls zu kontrollieren, wenn der Mensch ihm Sicherheit signalisiert. Es findet schließlich ein neues inneres und äußeres Gleichgewicht mit dem Reiter zusammen.

Gezielte Bewegung in Richtung Hinterbeine, die Hinterhand weicht nach außen aus.

Der Mensch als Ausbilder des Pferdes ist für alle 4 Gleichgewichte verantwortlich: Er muss seine körperliche Balance wahren, auch wenn das Pferd einen Bocksprung macht. Er muss seine innere Ruhe behalten, auch wenn ihn das Pferd einmal ärgert. Und er muss dafür sorgen, dass sich das Pferd unter ihm neu ausbalanciert und ruhig wird. Kurz: Der Ausbilder muss ein guter Lehrer sein und zudem ein guter Sportler. Er muss seine pferdischen Schüler lieben, darf sie aber nicht verziehen. Dazu gehört eine gewisse Durchsetzungskraft, ein »Machtwort« an der richtigen Stelle, aber auch viel psychologisches Fingerspitzengefühl, um den Schüler zur freiwilligen Mitarbeit zu motivieren.

Wird diese Grundausbildung und Erziehung des Pferdes nicht richtig betrieben, so bleibt das Pferd ein »unsicherer Kandidat«, der seinen Reitern ab und zu unliebsame Überraschungen bereitet.

3. Schritt: Einfache Kommunikation durch Einsatz der Körpersprache

Einige Signale, die der Mensch dem Pferd durch seine Körpersprache – seine Gestik und Haltung – übermittelt, kann das Pferd von Natur aus verstehen. Es sind dies einfache, undifferenzierte Signale, mit denen der Mensch seine grundsätzliche Wirkung und seinen Einfluss auf das Pferd testen kann. Besonders bei den einfachen Übungen der Bodenarbeit kann der Mensch seine Körpersprache entwickeln.

Es gilt: Reagiert das Pferd nicht in gewünschter Weise, so war ein Signal entweder falsch, zu undeutlich oder durch ein weiteres, widersprüchliches Signal überlagert.

Basis-Signale

- **bei der Bodenarbeit:**
  - **deutliche Gestik**
  - **entschlossene Haltung**
  - **zielgerichtete Bewegung**

- **beim Reiten:**
  - **aufrechte Haltung im Gleichgewicht**
  - **Gewichtsverlagerung**
  - **direkte, seitwärts wirkende Zügelhilfen**

Einfache Signale bei der Bodenarbeit

Die straffe aufrechte Haltung des Menschen verbunden mit energischer Bewegung nach vorne, auf das Pferd zu, signalisiert dem Pferd, dass es jetzt sofort und ganz schnell das Feld räumen soll (vgl. Schritt 1, Pferdesprache/Kommunikation in der Herde). Um die Signalwirkung noch zu verstärken, kann man dabei mit einer Gerte wedeln oder ein Seil kreisen lassen bzw. sogar in Richtung des Pferdes werfen. Das verleiht einer zielgerichteten Bewegung mehr Nachdruck.

Lässt sich das Pferd vom Menschen vertreiben, so signalisiert es damit, dass es den Menschen als ranghöher anerkennt, denn in der Herde kann nur das ranghöhere Pferd ein anderes wegscheuchen. Bleibt es stur stehen, so hält es uns nicht für ranghöher und »weisungsbefugt«. Dann müssen wir uns etwas einfallen lassen (siehe Kapitel 4+5), denn mit einem solchen Pferd können wir nicht sinnvoll arbeiten. Es wird uns nicht die notwendige Aufmerksamkeit schenken, die wir für die Ausbildung brauchen.

Die Monty-Roberts-Methode basiert auf diesem einfachen Grundsatz des Vertreibens: Das Pferd wird aktiv weggetrieben und versucht nach einiger Zeit ganz freiwillig Kontakt zum Menschen aufzunehmen. Das klingt erst einmal unlogisch, ist jedoch ganz klar, wenn man sich die Struktur der Herde und die Schutzfunktion der Leittiere vergegenwärtigt. Da das Alphatier Sicherheit für das weggetriebene Pferd bedeutet, versucht dieses irgendwann, zu ihm zurückzukehren und sich ihm anzuschließen. Es tut dies völlig aus eigenem Antrieb – ohne Zwang.

Viele andere kleine psychologische Tricks in dieser Art helfen bei der Ausbildung und Motivation des Pferdes und erleichtern die Kommunikation, wie wir in den folgenden Kapiteln noch sehen werden.

Einfache Signale beim Reiten

Auch bei der Arbeit unter dem Sattel gibt es einige ganz einfache Signale, auf die jedes unverdorbene Pferd in natürlicher Weise reagieren sollte.

Eine einfache, seitwärts wirkende Zügelhilfe zum Abwenden. Der Arm und das Handgelenk der Reiterin könnten hierbei jedoch lockerer sein.

Bewegungsrichtung und Blickrichtung des Pferdes trennen in den Seitengängen (hier Schulterherein mit einem western gerittenen Pferd am losen Zügel).

Eine Verlagerung des Reiterschwerpunktes zur Seite (Gewichtsverlagerung vgl. Schritt 2) verursacht ein Balanceproblem beim Pferd und bedingt eine Reaktion (eine Wendung). Ein einfacher, kurzer Zug am inneren Zügel mit weit herausgeführter innerer Hand wird das Pferd auch zu einer Wendung veranlassen und kann die Gewichtshilfe unterstützen. Mit den Zügelhilfen in dieser einfachen, undifferenzierten Form wird man jedoch bei komplizierteren Lektionen und bei vielen Gymnastizierungsübungen nicht mehr auskommen (siehe Schritt 4).

Die Stimme des Reiters

Ein weiteres undifferenziertes Signal ist die Stimmlage des Reiters, die die Körperhaltung unterstützt und zusätzlich die Stimmung des Menschen transportiert. Verbale Kommandos gehören jedoch zu den angelernten, differenzierten Signalen, die das Pferd erst lernen muss und nicht von Natur aus versteht.

4. Schritt: Komplexere Hilfen

umfangreiches Kommunikationsrepertoire – feinere, differenzierte Kommunikation

Mit den undifferenzierten, einfachen Signalen wird eine Verständigungs-Grundlage geschaffen und die Rangfolge geklärt. Damit sollten Probleme mit der »Motivation« des Pferdes nur noch selten auftreten. In der nun folgenden Ausbildungsphase liegt der Schwerpunkt auf dem körperlichen Training. Gymnastizierung, Muskelaufbau, Verbesserung der Balance mit dem Reitergewicht und der Koordination sind die Ziele.
Besonders für die Gymnastizierung und die Verbesserung der Koordination müssen komplexere Hilfen (Hilfenkombinationen) etabliert werden. Das Pferd lernt, auf Schenkeldruck an verschiedenen Druck-Punkten zu reagieren. Es lernt die Bedeutung des indirekten, äußeren Kontroll-Zügels. Es lernt, verbale Kommandos zu unterscheiden.
Ein wichtiger Punkt für die Gymnastizierung im Schulterherein und für Korrekturen in Konterstellung ist z.B., dass das Pferd Bewegungsrichtung und Blickrichtung zu trennen lernt und nicht immer »der Nase nach« läuft.
Komplexe Hilfenkombinationen für verschiedene Lektionen werden eine nach der anderen erar-

Eine Reduzierung der Hilfen funktioniert erst, wenn das Pferd ein ausführliches Hilfenrepertoire zu verstehen gelernt hat.

beitet (Kapitel 4). Je umfassender das Hilfenrepertoire ist, welches das Pferd mit der Zeit lernt, umso differenzierter und feiner wird die Kommunikation.

In der Lernphase müssen fast alle Hilfen noch sehr deutlich und oft auch recht kräftig gegeben werden. Das gilt für jede neue Lektion wieder aufs Neue. Das ändert sich, wenn das Pferd Lektion und zugehörige Hilfenkombination begriffen hat und es ihm auch körperlich leicht fällt, die gewünschte Übung auszuführen. Dann erreichen wir den 5. Schritt, bei dem die Intensität der Hilfengebung wieder reduziert werden kann.

5. Schritt: Minimierung der Signale

In der Vollendung der Ausbildung können schließlich alle Signale des Menschen sowohl bei der Bodenarbeit als auch bei der Arbeit unter dem Sattel wieder reduziert werden. Die ausführliche Langform der Hilfen kann durch »Kürzel« ersetzt werden. Der Zügel als Kontrollinstrument verliert immer mehr an Bedeutung. Es entsteht der Eindruck einer fast telepathischen Verbindung zwischen Pferd und Reiter, weil man die Hilfengebung nicht mehr sieht.

Minimale Gewichtshilfen sind die vorherrschenden Signale, wenn sich Reiter und Pferd in perfektem Gleichgewicht befinden und eine differenzierte gemeinsame Sprache erarbeitet haben. Leider wird manchmal übersehen, dass diese Reduzierung der Signale erst möglich ist, wenn vorher sehr viel Arbeit in die Etablierung der Langform der Hilfen gesteckt worden ist. Genauso wenig, wie Sie die Bedeutung einer Abkürzung verstehen können, wenn Sie die richtige »Langform« des Wortes nicht kennen, kann das Pferd ein Hilfenkürzel verstehen, wenn es die Langform nicht korrekt gelernt hat.

Auch das Westernpferd, welches so lässig einhändig und auf blanker Kandare am losen Zügel geritten wird, hat richtigerweise eine recht lange Grundausbildung durchlaufen, bei der es zuerst zweihändig geritten wurde und auf Wassertrense oder Bosal gelernt hat, den Zügel richtig anzunehmen. Die lässige Eleganz mit Minimalhilfengebung ist zwar das Ziel einer Ausbildung. Davor liegen jedoch Jahre geduldiger Kleinarbeit, die man nicht dadurch umgehen kann, dass man die Hilfen zu früh reduziert oder die Langform erst gar nicht etabliert.

Minimierung der Signale – vor allem der Zügelhilfen – als Ziel der Ausbildung.

2 Arten der Kommunikation

Welche Arten der Kommunikation gibt es zwischen Mensch und Pferd?

- Einige Übungen für mehr Körper-Bewusstsein
- Grundsätze für die Hilfengebung am Boden und im Sattel
- Minimierung der Hilfen zu Hilfenkürzeln
- Anatomische und psychologische Grundlagen für Reiter

Kommunikationsmittel

am Boden	unter dem Sattel

Haltung und Gestik/Hilfen

Aufrichtung Bewegungsrichtung Armsignale	Gewichtsverlagerung Schenkelhilfen Zügelhilfen

Stimme

Tonlage · verbale Kommandos

Verstärker · Reichweitenverlängerer

Peitsche Gerte Seil, Longe	Gerte Sporen

Welche Arten der Kommunikation gibt es zwischen Mensch und Pferd?

Kommunikation entsteht immer dann, wenn zwei Individuen miteinander Kontakt aufnehmen. Dieser Kontakt kommt über die verschiedenen Sinnesorgane zustande: Über Augen, Ohren, Nase oder über die Haut in Form von Berührungen.

Bevor das Pferd einen (fremden) Menschen jedoch so nah an sich heran lässt, dass er es berühren kann, wird es über Sehen, Hören und Riechen testen, ob es dem Fremden trauen kann. Diese Vorsicht ist bei seit dem Fohlenalter an Menschen gewöhnten, domestizierten Pferden nicht mehr stark ausgeprägt, kommt jedoch durchaus manchmal noch zum Vorschein. So gibt es zum Beispiel ausgesprochene »Frauenpferde«, die bei fremden Männern (meist Tierärzten oder Schmieden) sehr misstrauisch reagieren, bei fremden Frauen jedoch ruhig bleiben.

Im Allgemeinen sind unsere Freizeit- und Sportpferde allerdings eher neugierig als misstrauisch und checken häufig zuerst, ob ein Fremder vielleicht etwas zu fressen hat. Ist das nicht der Fall, so lässt das Interesse schnell nach – es sei denn, der Mensch fordert bewusst und aktiv seine Aufmerksamkeit. Auf welche Art und Weise er das tun kann, soll nachfolgend beschrieben werden. Egal ob vom Boden aus oder unter dem Sattel – die Verständigung zwischen Mensch und Pferd basiert größtenteils auf nonverbalen Signalen: Gestik, Haltung, Stimmlage.

Mit zunehmender Vertrautheit zwischen Mensch und Pferd lernt das Pferd jedoch auch, verbale Signale des Menschen zu verstehen und einzelne Kommandos zu unterscheiden.

Die Signale beim Reiten unterscheiden sich nicht grundsätzlich von denen am Boden. Sie sind jedoch für den Menschen sehr viel schwieriger zu erlernen, denn neben der bewussten Beherrschung seines eigenen Körpers (welche bei der Bodenarbeit mit dem Pferd genügt) muss er auch noch sein Gleichgewicht in Bezug auf die Bewegung eines zweiten Lebewesens finden. Diese »Balance in der Bewegung«, das dynami-

Mögliche Signale

- **Signale am Boden:**
  - Haltung (Ausstrahlung),
  - Bewegungsrichtung,
  - Armsignale,
  - Stimme

- **Signale beim Reiten:**
  - Haltung (Gewichtsverlagerung),
  - Schenkelhilfen,
  - Zügelhilfen,
  - Stimme

sche Gleichgewicht ist für den Reiter das A und O. Ohne sie kann er dem Pferd nur undeutliche (missverständliche) Signale geben, weil sein Sitz unsicher und seine Aktionen unkoordiniert bleiben werden. Schlimmstenfalls braucht er Arme und Beine, um sich am Pferd festzuklammern statt sie als Kommunikationsinstrument zu verwenden.
Zum Erreichen des dynamischen Gleichgewichts in der Bewegung in Kapitel 3 mehr.

Haltung bewahren

Aufrichtung heißt die Devise – am Boden und im Sattel. Eine aufrechte Grundhaltung lässt größtmögliche Bewegungsfreiheit von Armen und Beinen zu und signalisiert gleichzeitig »Aufrichtigkeit«, Energie und Entschlossenheit.
Lassen Sie die Schultern hängen oder ziehen Sie das Genick ein, so blockieren Sie Ihre eigene Bewegungsfreiheit und verraten dem Pferd gegenüber Ängstlichkeit oder Unentschlossenheit. Beides führt dazu, dass das Pferd Ihre Signale ignoriert – weil es diese entweder nicht richtig versteht oder weil es sie nicht als verbindlich ansieht, wenn sie ohne »Nachdruck« gegeben werden.

Verwechseln Sie jedoch Aufrichtung nicht mit Versteifung. Die richtige, lockere Aufrichtung aus der Körpermitte erhöht Ihre Beweglichkeit in der Wirbelsäule und im Schulterbereich. Eine krampfhafte Aufrichtung blockiert sie jedoch genauso wie eine zusammengesunkene Haltung.

Gerade Haltung am Boden … (Bild links oben) … und im Sattel (Bild links unten).
Auch, wenn der Reiter hier auf das Genick seines Pferdes herunterschaut, bleibt die Aufrichtung in der Halswirbelsäule erhalten.

Arme und Hände

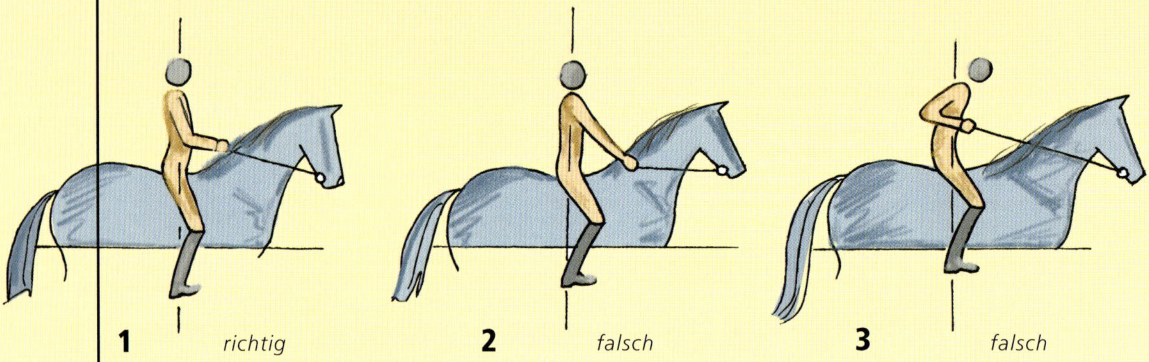

1. Korrekte Handhaltung und lockere Mittelpositur des Reiters.
2. Die Hand wird heruntergedrückt; dadurch versteifen sich Schulter und Sitz.
3. Der Reiter zieht sich »die Hände in den Bauch« und fällt dadurch im Oberkörper zusammen.
In den Abbildungen 2 und 3 blockiert der Reiter durch den Sitz die Bewegungen seiner eigenen Wirbelsäule und die des Pferderückens.

Drücken Sie nie die Schultern nach hinten, oben oder unten, um sich aufzurichten. Legen Sie nicht den Kopf in den Nacken. Die alte Anweisung »Brust raus – Schultern zurück« führt eher zu großflächigen Blockaden im Oberkörper als zu einer besseren Haltung.

Stellen Sie sich stattdessen vor, Ihr Kopf wächst nach oben aus den Schultern heraus. Atmen Sie tief ein und spüren, wie Ihr Brustkorb sich hebt. Atmen Sie nun wieder aus, lassen aber den Brustkorb oben. Die Schulten lassen Sie dabei sinken (nicht herunterdrücken), so dass Ihre Halswirbelsäule ganz frei wird. Ein »Trockentraining« ohne Pferd ist bei diesen Übungen sehr gut möglich, um das Gefühl für die richtige Aufrichtung zu bekommen.

Ihr Körper verrät Sie

Aufrichtung spielt sich zwar zu einem großen (und sichtbaren) Teil im körperlichen Bereich ab – in Oberkörper, Schultern und Hals. Sie hat aber auch eine mentale Komponente. Fühlen Sie sich antriebslos, schlapp und unentschlossen so drückt sich das in Ihrer Haltung aus. Die »innere Haltung« bedingt immer auch das äußere Erscheinungsbild eines Menschen. Jeder gute Beobachter kann an Ihrem Auftreten, an Ihrer Körpersprache, erkennen, wie es Ihnen geht und wie ernst es Ihnen ist, wenn Sie etwas fordern. Das Pferd kann das auch – und zwar besser als die meisten Menschen, denn Pferde verständigen sich untereinander überwiegend mit der Körpersprache. Viele Menschen haben gelernt, Unsicherheit mit großen Worten und Statussymbolen zu überspielen. Das funktioniert recht gut bei Menschen, die sich von Äußerlichkeiten beeindrucken lassen. Im Umgang mit dem Pferd funktioniert es jedoch überhaupt nicht. Das Pferd durchschaut den menschlichen »Papiertiger« sofort und ordnet ihn als schwächer, rangniedriger und deswegen nicht »weisungsbefugt« ein. Das gilt insbesondere für junge Pferde in den »Flegeljahren« oder charakterstarke, ranghohe Pferde – speziell Hengste.

Signale mit Händen, Armen, Beinen und Stimme wirken ergänzend zur Haltung. Sie sind jedoch prinzipiell zweitrangig, wie in den folgenden Kapiteln noch klar werden wird.

Kriterien für einen guten Sitz

- **Aufgerichteter Oberkörper.**
- **Gleichmäßige Belastung beider Gesäßknochen.**
- **Schulter und Ellenbogen hängen locker herunter.**
- **Unabhängige (frei getragene) Zügelhand.**
- **Locker schwingende Mittelpositur.**
- **Tief und ohne Druck anliegendes Knie.**
- **Tiefer Absatz und lose anliegender Unterschenkel (nicht klammern).**

Signale mit Händen und Armen

Mit Händen und Armen zeigen Sie dem Pferd die Richtung, in die es sich bewegen soll.

Bei der Arbeit unter dem Sattel nehmen Sie die Zügel zu Hilfe, bei der Longenarbeit die Longe und beim Führen des Pferdes einen Strick. Mit diesen Hilfsmitteln können Sie den Kopf des Pferdes bis zu einem gewissen Grad kontrollieren. Glauben Sie jedoch nicht, dass Sie über die Kopfkontrolle das ganze Pferd kontrollieren können. Selbst wenn Sie den Kopf in eine bestimmte Haltung ziehen (z.B. mit falsch verstandenem Einsatz von Hilfszügeln), kann der Rest des Pferdekörpers sich Ihrer Kontrolle entziehen. Das Wie und Warum wird in Kapitel 5 ausführlicher behandelt.

Eine besondere Schwierigkeit bei der Arbeit unter dem Sattel stellt die so genannte unabhängige Zügelhand dar. Die Verbindung zwischen der Reiterhand und dem Pferdemaul (bzw. der Pferdenase bei gebisslosen Zäumungen) muss von Reiter bewusst aufgebaut und sensibel aufrechterhalten werden. Der Zügel darf nie, nie, nie zum Festhalten benutzt werden – weder als Halteseil für einen aus dem Gleichgewicht geratenen Reiter (bitte immer am Sattelriemen oder -horn oder an einem Halsriemen festhalten) noch als Notbremse für ein zu schnell gewordenes Pferd (durch einfaches Ziehen am Zügel kann man ein Pferd nicht bremsen – siehe Kapitel 5).

Zudem muss der Sitz des Reiters so stabil und ausbalanciert sein, dass die Bewegungen des Pferderückens und die seiner eigenen Wirbelsäule keinen Einfluss auf die Aktionen der Zügelhand haben. Ist die Hand über einen steifen Sitz und steife Gelenke in Schulter und Arm des Reiters an die Bewegungen des Pferdes gekoppelt, so wird sie immer unruhig bleiben und eine differenzierte, feine Zügelhilfe ist unmöglich (siehe Kapitel 3).

Probieren Sie es aus: Setzen Sie sich auf einen Stuhl, winkeln Sie Ihre Ellbogen ab und machen Sie eine Faust, so wie Sie auch auf dem Pferd sitzen würden. Versteifen Sie dann bewusst den

Die Hand vor sich her tragen …
… auch bei kurzfristig etwas stärkerer Zügelanlehnung in Korrektursituationen.

Die Arbeit mit dem freien Pferd: Die Gerte dient als Reichweitenverlängerer.

ganzen Oberkörper samt Armen und Händen: Spannen Sie die Oberarmmuskeln an und drücken Sie Ihre Faust gewaltsam zusammen. Bewegen Sie dann den Oberkörper aus der Hüfte wie auf dem Pferderücken – und schauen Sie, wie Ihre Hände jede Bewegung mitmachen. Diese Bewegung kommt auch im Pferdemaul an – und das Pferd tut, was es kann, um sich dieser Störung zu entziehen. Entweder verkriecht es sich hinter dem Zügel oder es setzt die Zunge als Puffer ein und stumpft im Maul ab.

Entspannen Sie danach bewusst alle Muskeln, lassen den Oberarm locker aus der Schulter nach unten hängen und machen die Faust nur mit soviel Kraft zu, wie Sie minimal brauchen, um ein Aufgehen der Finger zu verhindern. Konzentrieren Sie sich darauf, dass die Hand an ihrem Platz bleibt und bewegen Sie wieder die Wirbelsäule aus der Hüfte heraus. Sie werden sehen, wieviel besser Sie Ihre Handbewegungen dann im Griff haben.

Nehmen Sie zur Verdeutlichung bei der Übung ein dreiviertel volles Glas Wasser in die Hand – mit angespannten Arm- und Schultermuskeln werden Sie damit ganz schön nass ...

Eine Besonderheit bei den Signalen mit Armen und Händen stellt die Arbeit mit dem freien Pferd (im Roundpen) dar, bei der die direkte »Verbindung« zum Pferd in Form von Longe, Leine, Zügel oder Strick fehlt. Hier müssen die Signale mit dem Arm sehr deutlich und oft weit ausholend sein. Zudem funktionieren sie kaum isoliert und müssen fast immer von adäquater Haltung, gerichteter Bewegung und/oder Stimmsignalen des Menschen unterstützt werden.

Die Arbeit mit dem freien Pferd fordert – mehr als jede andere – blitzschnelle Reaktionen, Willensstärke und Autorität, genaues Einschätzen der Pferdeabsichten sowie perfekte und bewusste Beherrschung des eigenen Körpers vom Menschen. Manche dieser Fähigkeiten müssen jedoch erst erworben oder wiedererlernt werden. Und zum Trost, wenn etwas nicht gleich funktioniert: Virtuose Bodenarbeit mit minimalen Signalen ist genauso schwer zu erlernen wie differenzierte Körperbeherrschung und Hilfengebung für ein fein abgestimmtes Hohe-Schule-Pferd.

Reichweite der Arme verlängern

Eine Verlängerung der Reichweite der Arme stellen Peitschen und Gerten dar. Manche Westerntrainer verwenden stattdessen auch ein in Richtung Pferd geworfenes Seil oder ein kreisendes Seilende. Neben der Verlängerung der Reichweite werden solche Hilfsmittel auch benutzt, um das Pferd aufmerksam zu erhalten oder auch bewusst zu stören, wenn man eine bestimmte Reaktion provozieren will (dazu mehr in Kapitel 5 – Problemlösung). Das Pferd darf jedoch auf Dauer keine Angst vor diesen »Reichweitenverlängerern« bekommen, sonst können Sie sie nicht mehr zur späteren Feinabstimmung benutzen.

Signale mit den Beinen

Den »Schenkelhilfen« beim Reiten entspricht die »Bewegungsrichtung« des Menschen bei der Bodenarbeit. Das Berühren des Pferdes unter dem Sattel mit der Reiterwade an verschiedenen »Druckpunkten« wird bei der Bodenarbeit ersetzt durch ein »Zielen« mit der Fußspitze des Menschen auf einen Körperteil des Pferdes, der ausweichen soll. Der Unterschied zwischen diesen beiden Signale ist nicht so groß, wie man annehmen möchte: Bei der Schenkelhilfe reagiert das Pferd auf eine angelernte Berührung; Das Ausweichsignal über die Bewegungsrichtung ist dagegen ein optisches Signal, welches das Pferd über die Augen aufnimmt. Für die Schenkelhilfe kann (sparsam) der Sporn oder die Gerte als »Muntermacher« eingesetzt werden – bei der »optischen Hilfe«, der gerichteten Bewegung helfen eine straffe, entschlossene Haltung und der zusätzliche Einsatz eines »Störers« (ein schnell kreisendes Seilende oder eine durch die Luft sirrende Gerte in der Hand). Ohne, dass Sie das Pferd damit berühren müssen, verleihen solche bewegten Störer allen Ihren Bewegungen Nachdruck und Energie.

Für alle Signale gilt jedoch: Das Pferd reagiert nur dann, wenn es aufmerksam auf die Körper-

Druckpunkte mit dem Schenkel:
1. vorwärts treibend
2. seitwärts treibend

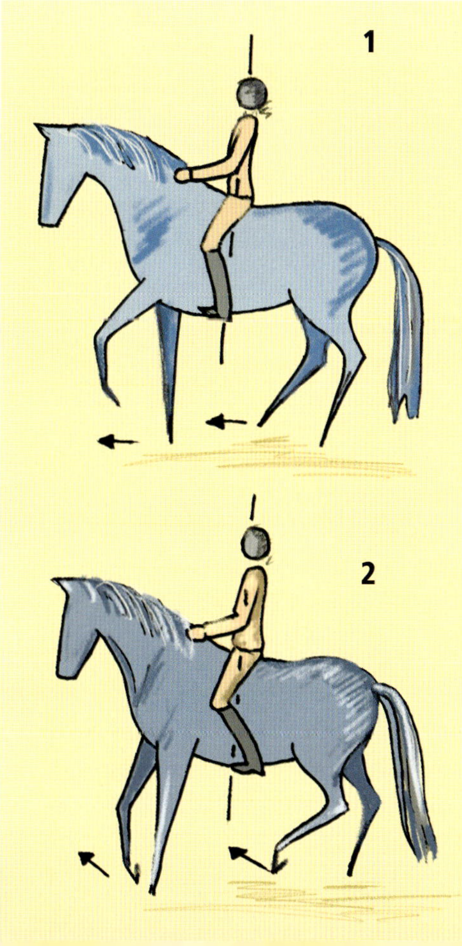

Aufmerksamkeit des Pferdes: Das zurückgestellte innere Ohr verrät die Ausrichtung auf die Ausbilderin.

sprache des Menschen achtet – und wenn die »richtige« Haltung des Menschen dem Signal Nachdruck verleiht. Hat es seine Aufmerksamkeit beim Grashalm am Reitbahnrand, so nimmt es Sie und Ihre Forderung einfach nicht wahr. Und da spielt es keine Rolle, ob Sie im Sattel sitzen oder unten stehen.

Aufmerksamkeit

Damit Signale überhaupt wahrgenommen werden können, müssen zwei wichtige Grundbedingungen erfüllt sein.

1. Der Empfänger des Signals muss sensibel und empfangsbereit sein.

Soll das Pferd auf ein optisches Signal reagieren, so muss es den Sender des Signals, den Menschen, genau beobachten. Es muss aufmerksam auf seine Körpersprache achten. Andernfalls verpufft das Signal ungesehen und unbeachtet. (Wie man die Aufmerksamkeit des Pferdes gewinnt, wird in den folgenden Kapiteln immer wieder ein wichtiges Thema sein.)

Ein wichtiger Unterpunkt zum Thema »empfangsbereit« ist die Sensibilität des Signal-Empfängers. Das Thema ist insbesondere für die Arbeit mit phlegmatischen oder abgestumpften Pferden von Bedeutung. Gleich vorweg: Jedes Pferd – auch die größte »Schlaftablette« – kann aufgeweckt und sensibilisiert werden. Häufig sind die Pferde nur durch Schuld des Reiters, durch unnötige und andauernde Signale, stumpf geworden. Ständig klopfende Reiterschenkel und stochernde Sporen zwingen jedes Pferd dazu, sich gegen die »Störung« abzuschotten und nicht darauf zu reagieren. Denn diese Signale hören auch dann nicht auf, wenn das Pferd tut, was es soll. Für jede Forderung muss nun der

Voraussetzungen für gute Kommunikation

Die »Gesprächspartner« müssen aufmerksam und aufnahmebereit sein.

Signale müssen deutlich und unmissverständlich gegeben werden.

Reiter immer kräftigere Hilfen geben, um durch den »Schutzpanzer« des Pferdes durchzudringen – und schimpft auf den »stumpfen Esel«, der nur mit erhöhtem Kraftaufwand zu reiten ist. Auswege aus diesem Kreislauf sind durch eine »Wieder-Sensibilisierung« des Pferdes durchaus möglich (siehe Kapitel 4+5).

2. Der Sender darf seine Botschaft (sein Signal) nicht durch andere Signale überlagern oder neutralisieren.

Es gilt die Devise: möglichst nur ein Signal klar und deutlich aussenden. Als Beispiel mag das oft falsch gehandhabte »Zusammenstellen« des Pferdes dienen. Da wird vorne an beiden Zügeln gezogen und gleichzeitig hinten mit den Sporen gestochert. Diese beiden Hilfen neutralisieren sich jedoch gegenseitig: Von vorne nach hinten ziehen und von hinten nach vorne schieben – wo soll das arme Pferd denn hin?

Richtig ist dagegen eine zeitliche Trennung beider Signale. Das Pferd muss zuerst vorwärts getrieben werden (die Sporen sind übrigens nicht das richtige Instrument zum Treiben – dazu später mehr). Danach wird seine Vorwärtsenergie gelenkt: zur Seite beim Abwenden oder nach oben, wenn es versammelt (zusammengestellt) werden soll. Das verhaltende Signal mit dem Zügel darf jedoch erst kommen, wenn das Pferd angemessen vorwärts geht. Beim ausgebildeten Pferd liegen allerdings nur noch unsichtbare Sekundenbruchteile zwischen beiden Signalen – was den reiterlich ungebildeten Beobachter manchmal dazu verleitet zu glauben, beide würden gleichzeitig erfolgen. (Über die zeitliche Abfolge von komplexeren Hilfen mehr in Kapitel 4.)

Die Stimme transportiert Emotionen

Die Stimme des Menschen verrät – wie die Körperhaltung – seinen inneren »Zustand«.

rechts: Das Ohrenspiel des Pferdes verrät die Ausrichtung auf den Reiter (Aufmerksamkeit).

Die Stimme des Reiters

- Wirkt für das Pferd beruhigend mit langen, dunklen Vokalen.
- Wirkt strafend mit hartem Klang und kurzen, scharfen Worten.
- Wirkt aufmunternd mit forschem Klang.

- Verrät dem Pferd Unsicherheit oder Angst durch schrillen Klang und überkippende Stimme oder hektisches Schreien.
- Verrät dem Pferd Sicherheit und Souveränität durch leises Sprechen mit tiefer Stimme.

Das Pferd kann im Verlauf der Arbeit mit dem Menschen durchaus einige »Vokabeln« der menschlichen Sprache lernen, wie die Kommandos Halt oder Ho, Vorwärts, Langsam, Schritt, Trab, Galopp, etc. Bevor es differenzierte Lautfolgen unterscheidet, reagiert es jedoch auf die Stimmlage des Menschen.
Mit schriller, überkippender Stimme können Sie nie ein Pferd beruhigen, denn das Pferd erkennt darin Ihre eigene Aufregung oder Angst. Zusätzlich verrät Sie sowieso Ihre Körpersprache (Haltung): Wenn Sie Ihre Stimme nicht im Griff haben, haben Sie den Rest Ihres Körpers meist erst recht nicht im Griff.
Andererseits können Sie ein aufgeregtes Pferd stark beeindrucken und gut beruhigen, wenn Sie in (für das Pferd) Angst erzeugenden Situationen völlig cool bleiben, mit leiser, tiefer Stimme reden und keine unnötigen Bewegungen machen. Ihre Ruhe überträgt sich aufs Pferd.

Bewusste und unbewusste Signale

»Ein erwachsener Mensch weiß, was er tut.« Dieser Satz gibt leider in vielen Fällen nicht den Ist-Zustand wieder, sondern den erwünschten Soll-Zustand. Fakt ist vielmehr, dass viele unserer ausgesendeten Signale uns selbst durchaus nicht voll und ganz bewusst sind. Blockaden im körperlichen und psychischen Bereich – Steifheiten und Ängste – verändern unsere Körpersprache und machen sie undeutlich oder widersprüchlich, so dass sie verzerrt beim Empfänger ankommen. Eine verzerrte Wahrnehmung beim Empfänger (hier dem Pferd) hat drei Hauptgründe.

1. Sender und Empfänger sprechen nicht die gleiche Sprache.

Der Sender sendet Signale, die der Empfänger nicht (er)kennt – und deswegen nicht oder nur rudimentär versteht. Das ist so, als ob jemand in einer Fremdsprache auf uns einredet, die wir nicht beherrschen. Wer nur die verbale Kommunikation beherrscht und nicht die Körpersprache, der kann einem Pferd kaum verständliche Signale senden, denn das Pferd versteht überwiegend die Körpersprache. (Wie der Mensch kann es im Verlauf der Ausbildung jedoch eine zweite Sprache dazulernen.)

2. Der Sender »spricht« undeutlich und ohne Nachdruck.

Er sendet – unbewusst – widersprüchliche oder undeutliche Signale. Auch halbherzige Forderungen gehören in diese Kategorie. Fehlen dem Menschen, der ein Signal ans Pferd schickt, Autorität, Entschlossenheit und Durchsetzungsvermögen, so schenkt ihm das Pferd nicht genug Beachtung. Es »hört nur mit einem Ohr zu« und bekommt nur die Hälfte mit.

3. Der Sender ist ein »Langweiler«.

Er versteht es nicht, den Empfänger zu interessieren (aufmerksam zu halten) und zu motivieren. Er kann seine Botschaften und Forderungen nicht gut vermitteln.

Hauptforderungen für eine gute Kommunikation zwischen Mensch und Pferd sind demnach folgende:

1. Der Mensch muss die Pferdesprache (Körpersprache) lernen.

Nur dann weiß er, welche Signale das Pferd versteht.

2. Der Mensch muss sich selbst und seine Ausdrucksmöglichkeiten sicher beherrschen (bewusste Körperbeherrschung und emotionale Selbstkontrolle).

Nur, wenn er weiß, was er tut, kann er bewusste und kontrollierte Signale senden und davon ausgehen, dass das Pferd ihn auch »richtig versteht«.

3. Der Mensch muss eindeutige Forderungen stellen und sie souverän und autoritär durchsetzen.

Dafür muss er selbstsicher sein – im festen Vertrauen auf seine Fähigkeiten und darauf, dass er seine Forderungen dem Pferd gegenüber immer durchsetzen wird.

In der Pferdesprache gibt es nur »Ja« oder »Nein«. Ein »Vielleicht« ist nicht vorgesehen. Wenn Sie wollen, dass Ihr Pferd durchs Wasser geht, dann fechten Sie es aus – nicht mit brutaler Gewalt aber mit Sturheit und Beharrlichkeit, auch wenn es Stunden dauert.

Bewusste Körpersprache

Haltungsfehler und »Verspannungen« in unserem eigenen Körper tragen wir als liebe Gewohnheiten mit uns herum und bemerken sie

Angstbewältigungsübung: Pferde ans Wasser gewöhnen.
oben: Die Schräglage der beiden Pferde zeigt deutlich deren Angst.
mitte: Mit langem Hals tastet sich der Schecke an das gefährliche Wasser heran …
unten: … und schon ist alles kein Problem mehr.

erst, wenn größere Probleme (Schmerzen oder Bewegungsblockaden) auftreten. Unsere Bewegungen führen wir häufig mit zu viel Kraft aus. Das macht sie ineffektiv, unbeholfen und deswegen undeutlich. Oft blockieren wir auch eine Bewegung mit einem Körperteil durch eine – unbewusste – Gegenbewegung oder Steifheit in einem anderen Körperteil. Oder wir haben »Angst vor der eigenen Courage« und machen innerlich einen Rückzieher, wenn wir eine heftige Reaktion des Pferdes befürchten.

Unsere Körpersprache wird dadurch undeutlich und widersprüchlich.

Um dem Pferd unmissverständliche Signale geben zu können, müssen wir nun zuerst unsere Körpersprache kultivieren – hin zu mehr Bewusstheit, mehr Eindeutigkeit, mehr Bestimmtheit (Körperarbeit). Das ist nicht einfach und erfordert meist die Hilfe eines Lehrers oder in der Körperarbeit erfahrenen Freundes. Die Sensibilisierung auf den eigenen Körper und dessen Ausdruck ist jedoch das A und O in der Kommunikation mit Pferden. Denn wie soll ich wissen, aus welchem Grund das Pferd nicht in gewünschter Weise reagiert, wenn ich mir nicht sicher sein kann, dass ich ein unmissverständliches körpersprachliches Signal gesendet habe.

Undeutliche oder halbherzige Signale verunsichern ein Pferd und nehmen ihm das Vertrauen in den Menschen als »Alphatier«. Es bleibt orientierungslos und übernimmt im schlimmsten Fall selbst die Führung, wenn der Mensch seiner Führungs-Aufgabe nicht gewachsen ist (siehe auch psychologische Grundlagen).

Einige Übungen für mehr Körperbewusstsein

(Ver)spannungen bewusst machen

Spüren Sie eine erhöhte Grundspannung in Ihrem Körper auf. Dazu können Sie sich verschiedener Methoden bedienen. Da wäre z.B. die »progressive Muskelentspannung«: Spannen Sie einzelne Körperteile bewusst und stark an (am besten geht das oft im Liegen – mit etwas Übung funktioniert es allerdings auch im Sitzen). Spannen Sie zum Beispiel den ganzen rechten Arm samt Schulter und Hand (Faust machen). Halten Sie die Spannung eine Weile und prägen Sie sich das Gefühl der gespannten Muskulatur ein. Dann entspannen Sie: beginnend mit den Fingern (Faust aufmachen) über Handgelenk, Ellbogen, Oberarm und Schulter den Arm wieder.

Aufstehen... ... mit viel Kraftaufwand ... mit deutlich weniger Kraftaufwand ... mit sehr wenig Kraftaufwand

Effektive Bewegungen

- **sind weich und fließend,**
- **werden nicht irgendwo im Körper blockiert,**
- **beziehen alle nötigen Körperteile ein,**
- **beanspruchen nur die für diese Bewegung unbedingt nötigen Muskeln,**
- **arbeiten mit der jeweils geringstmöglichen Muskelspannung.**

Prägen Sie sich ein, wie sich der komplett entspannte Arm anfühlt. Sie werden auch merken, dass es schwer ist, Hand und Handgelenke zu entspannen, wenn Ellbogen und Schultern noch gespannt sind. Machen Sie das Gleiche mit dem linken Arm und beiden Beinen. Wiederholen Sie die Übungen mit den einzelnen Körperteilen mehrmals. Spannen Sie zum Schluss auch den gesamten Körper mit allen Muskeln und entspannen Sie ihn wieder. Prägen Sie sich jeweils das Gefühl der totalen Spannung und der weitest möglichen Entspannung gut ein. Mit der Zeit werden Sie so in der Lage sein, bewusst Spannung aus einzelnen Körperteilen »herauszunehmen«.

Die Feldenkrais-Methode

Eine gute Methode, sich bewusst zu machen, welche Bewegungen welche Muskeln beanspruchen und wieviel Spannung in der Muskulatur für eine bestimmte Bewegung überhaupt notwendig ist, ist die Feldenkrais-Methode. Feldenkrais-Übungen können Sie im Sitzen, im Liegen oder im Stehen machen. Es geht darum, mit sehr kleinen, sehr sparsamen Bewegungen herauszufinden, wieviel Kraft und Muskelspannung minimal nötig sind, um eine Bewegung auszuführen und wo eine Bewegung uneffektiv und »unökonomisch« wird, weil dafür viel zuviel Energie aufgewendet wurde.

Vom Stuhl aufstehen

Ein Beispiel aus dem Alltag: Setzen Sie sich auf einen Stuhl und stehen Sie auf, wie Sie es immer tun. Achten Sie auf die Muskel-Spannung vor allem in Füßen und Beinen, aber auch im Rücken. Achten Sie auch darauf, wohin Sie die Füße setzen, wie weit Ihr Oberkörper vor geht und wie Sie den Kopf tragen. Sie müssen anfangs sicher mehrmals aufstehen und sich wieder setzen, bevor Sie das Zusammenspiel aller Muskeln und Bewegungen auch nur ansatzweise erfassen. Verändern Sie dann etwas an der Bewegung. Setzen Sie zum Beispiel die Füße weiter unter sich oder weiter vor, neigen Sie den Oberkörper weiter vor oder lassen ihn aufrechter. Stehen Sie langsamer oder schneller auf. Versuchen Sie, die Bewegung weich, fließend und mit geringst möglichem Kraftaufwand auszuführen. Was müssen Sie dazu verändern. Horchen Sie immer wieder in sich hinein: Wie verändert sich die Muskelspannung? Wann brauchen Sie mehr Kraft? Welche Muskeln sind an der Bewegung beteiligt?

Machen Sie einfache Übungen wie leichtes Arm- oder Hüftkreisen und versuchen Sie, dieses möglichst rund und weich auszuführen. Sie werden merken, wie oft solche Bewegungen sich eckig anfühlen, wenn man sie bewusst macht. Achtung: Es geht bei den Feldenkrais-Übungen nicht darum, Gymnastik zu machen (die ist auch wichtig für Reiter und Pferd, hat aber ganz andere Aufgaben). Es geht vielmehr darum, mit kleinen, manchmal fast unsichtbaren Bewegungen, festzustellen, wo eine Bewegung sich eckig oder

Balance und gutes Körpergefühl bedingen sich gegenseitig.

blockiert anfühlt und dann die Qualität der Bewegung so zu verbessern, dass wir sie als angenehm leicht, fließend und elegant empfinden.
Überprüfen Sie Bewegungen des Alltags auf »Verspannungspotenzial«. Was tun Sie, wenn Sie am Computer sitzen? Ziehen Sie die Schultern hoch? Haben Sie Probleme mit dem Nacken? Ändern Sie Sitzhöhe und/oder Arbeitstischhöhe und beobachten Sie, was passiert.

Die äußere Haltung spiegelt den inneren Zustand

Beobachten Sie auch Ihre psychische Verfassung, wenn Sie an Ihrer Körperhaltung arbeiten. Wie fühlen Sie sich, wenn Sie den Kopf hängen lassen, wenn Sie das Kinn hochrecken, wenn Sie sich aus der Körpermitte aufrichten? Sie werden feststellen, dass Sie über die Änderung der Haltung auch Ihren emotionalen Zustand beeinflussen können. Eine verkrümmte, bucklige Haltung mit eingezogenem Genick deutet auf eine unsichere, ängstliche, introvertierte Person hin, eine stolz geschwellte Brust auf einen »aufgeblasenen Pfau«, der vor lauter Aufplustern das Ausatmen vergisst.

Tief durchatmen

Und damit sind wir beim nächsten Punkt: Auch eine bewusste und kontrollierte Atmung spielt in diesem Zusammenhang eine Rolle. Wer einen Schreck bekommt, schnappt nach Luft und hält den Atem an. Halten Sie einmal bewusst den Atem an und spüren, wie sich dabei Ihr ganzer Körper verspannt und fast bewegungsunfähig wird. Erst durch bewusstes Ausatmen löst sich die Spannung wieder und Ihre Beweglichkeit kehrt zurück.
Nicht umsonst sagt man bei psychischen Belastungen und Ärger: »Erstmal tief durchatmen« – das bedeutet im Klartext: (Ver)spannung aus dem Körper rausnehmen – Aufrichten aus der Körpermitte durch das langsame tiefe Einatmen und dann Schultern und Oberkörper entspannen durch das langsame tiefe Ausatmen. Schnelles, stoßweises Atmen setzt dagegen schnell Kraft frei. Das Schreien bei vielen Kampfsportarten trägt dieser Tatsache Rechnung. Das Wort Ho oder Whoa, mit dem die Westernreiter ihre Pferde im Training stoppen hat eine ähnliche Wirkung: es lässt den Reiter im Oberkörper zusammenfallen und bringt damit kurzfristig viel »blockierenden« Druck auf den Pferderücken.

Hilfenarten und Hilfenkomponenten

- **natürlich (selbstverständlich)**
- **angelernt oder abgeleitet (Ausbildung)**

- **aktiv:**
  - **eine Reaktion fordernd, vortreibend**
- **passiv:**
  - **eine mögliche Reaktion verhindernd –**
  - **abwartend, verwahrend**
  - **eine Aktion blockierend – verhaltend**

- **körperliche Ebene:**
  - **Balance, Körpergefühl,**
  - **Körperbeherrschung, »Technik«**
- **psychische/geistige/emotionale Ebene:**
  - **Selbstbeherrschung, Sensibilität,**
  - **Wissen, Erfahrung,**
  - **Möglichkeiten der Problem- und Fehleranalyse**

Bewegungsmuster ändern

Fehler sind anhänglich. Es kann nämlich durchaus sein, dass ein falsches Bewegungsmuster oder eine ineffektive Bewegung uns richtig erscheint, weil wir uns in langen Jahren daran gewöhnt haben. Solange keine Rückenschmerzen auftreten, werden wir eine schiefe Haltung nicht erkennen. Wer immer schief sitzt oder geht, dem kommt diese Schiefe gerade vor und eine gerade Haltung fühlt sich falsch an.

Für die Einwirkung auf das Pferd ist jedoch eine unerkannte, unbewusste, auf Dauer unkorrigierte Schiefe des Reiters eine nicht zu unterschätzende Fehlerquelle hinsichtlich guter Kommunikation. Der Reiter belastet den Pferderücken ungleichmäßig und wundert sich, wenn das Pferd nicht geradeaus geht. Das Pferd »lernt« irgendwann, mit einem schief sitzenden Reiter trotzdem irgendwie geradeaus zu gehen, muss die ungleichmäßige Gewichtsverteilung auf seinem Rücken durch vermehrte Spannung ausgleichen und entwickelt deswegen diverse Steifheiten – im schlimmsten Fall sogar Lahmheiten. Und der Reiter schimpft über den »steifen Bock«, den er selbst dazu gemacht hat.

Um solche Fehler zu vermeiden bedarf es eines guten Lehrers und einer sehr intensiven Arbeit am eigenen Körpergefühl. Die Körperarbeit muss allerdings nicht unbedingt immer im direkten Zusammenhang mit dem Reiten stehen. Sie ist aus anderen Sportarten übertragbar. Wer sich z.B. mit Tanzen, Fechten, Klettern, Paddeln etc. beschäftigt, der kann auch mit diesen Beschäftigungen sehr viel für sein Bewegungs- und Gleichgewichtsgefühl tun.

Grundsätze für die Hilfengebung am Boden und im Sattel

Die verschiedenen Signale- und Signalkombinationen, die der Mensch dem Pferd sendet, laufen unter dem Oberbegriff Hilfengebung. »Eine Hilfe geben« bedeutet eigentlich nichts anderes, als »etwas vom Pferd fordern«. Es klingt nur netter. Wir »helfen« dem Pferd – durch körpersprachliche Signale – unsere Forderung zu verstehen. Wir sprechen mittels der Hilfen zu ihm. Um richtig zu kommunizieren, müssen wir jedoch auch dem Pferd »zuhören«. Das heißt, wir müssen seine Reaktion (oder auch fehlende Reaktion) auf unsere Hilfen bewerten und entscheiden, ob unser Signal richtig angekommen ist. Bevor wir überhaupt eine Hilfe geben, müssen wir uns darüber klar sein, ob das Pferd in seinem momentanen Ausbildungsstand sie erstens verstehen und zweitens befolgen kann.

Einfache und komplexe, natürliche und angelernte Hilfen

Wie bei der Ausbildung des Menschen muss die Ausbildung des Pferdes logischen pädagogischen Grundsätzen folgen. Es gibt Signale, die das Pferd von Natur aus erkennt und aus einem »natürlichen Reflex« heraus befolgt. (z.B. die einfache Gewichtsverlagerung des Reiters für eine Wendung in niedrigem Tempo oder das Ausweichen bei einem »Verschwinde«-Signal des Alphatieres – mehr dazu in Kapitel 3). Solche einfachen Grundlagen müssen gefestigt sein, bevor man zu komplexeren Inhalten fortschreiten kann. Komplexere Signale sind immer Kombinationen aus verschiedenen Signalen und beinhalten neben den »natürlichen« Signal-Anteilen auch angelernte Anteile, z.B. einen Schenkeldruck, dessen Bedeutung dem Pferd erst beigebracht werden muss.

Bei einem Lehrer-Schüler-Verhältnis (= Mensch-Pferd-Verhältnis) muss klar sein, wer der Chef/der Lehrer ist und bestimmte Forderungen müssen zur Not auch mit etwas »Druck« durchgesetzt werden können. Eine rein antiautoritäre Erziehung funktioniert nämlich nicht. Der Schüler muss aber auch »Erfolgserlebnisse« haben, so dass ihm das Lernen prinzipiell Spaß macht und er schließlich freiwillig mitarbeitet. Und er darf weder überfordert noch durch widersprüchliche Anweisungen verunsichert werden. Beim pferdischen Schüler kommt noch hinzu, dass das richtige körperliche Training – Muskel- und Konditionsaufbau – eine entscheidende Rolle für eine gute Kommunikation spielt.

In den Kapiteln 3 und 4 werden einfache und komplexe Hilfen in ihrer logischen Reihenfolge dargestellt und auch erläutert, warum man für richtiges körperliches Training des Pferdes die komplexeren Kommunikationssysteme braucht.

Fehlerquellen in der Kommunikation

Es gibt drei Hauptgründe, warum ein Pferd nicht oder falsch auf eine Forderung des Menschen reagiert.

1. Es versteht nicht.

Das Pferd versteht die Forderung des Menschen nicht. (Sie benutzen z.B. komplexere, angelernte Hilfen, deren Bedeutung das Pferd noch nicht gelernt hat – siehe Kapitel 4.)

2. Es kann nicht.

Es kann die Forderung aufgrund seines körperlichen Trainingszustandes nicht ausführen.
Wenn Sie von einem jungen, unausbalancierten Pferd ein Anhalten aus dem Galopp fordern, kann das nur schief gehen.

3. Es will nicht.

Es hat keine Lust. Es erkennt den Menschen nicht als ranghöher an und ignoriert seine Anweisungen.

Minimierung der Hilfen zu Hilfenkürzeln

In manchen Reitweisen – vor allem in der so genannten Gebrauchsreiterei (Arbeitsreitweisen) werden die Hilfen des Reiters im Verlauf der Ausbildung zu »Hilfenkürzeln« minimiert – so als ob Sie Stenografie schreiben. Prinzipiell ist diese Minimierung für jede Art von Reiten anzustreben. Jedoch ist die Minimierung immer Ziel der Ausbildung – und nicht ihr Beginn. Sie können

Fehlerquellen in der Kommunikation

- **Verständnisprobleme: Pferd und Mensch sprechen nicht die gleiche Sprache.**
- **Körperliche Probleme: Pferd oder Mensch sind nicht gut genug trainiert (Konditions- oder Koordinationsprobleme).**
- **Kompetenzprobleme: die Rangfolge ist nicht klar, Pferd und Mensch haben kein Vertrauen zueinander.**

auch nicht stenografieren, wenn Sie die Langform des Wortes, das sie abkürzen, nicht kennen. Zu Anfang müssen Pferd und Reiter sich einen größtmöglichen gemeinsamen »Sprachschatz« aufbauen. Sie müssen eine ausführliche Form der Hilfengebung erarbeiten. Diese »Langform« kann bei verschiedenen Pferd-Reiter-Kombinationen leicht differieren – je nachdem, welche speziellen körperlichen oder psychischen Probleme beim Pferd oder beim Reiter zu lösen sind. Erst, wenn das Pferd auf die Langform sicher reagiert, können einzelne Teile einer komplexen Hilfe zu Andeutungen verkürzt werden oder sogar völlig entfallen. Viele Hilfen dienen z.B. nur der Korrektur und werden unnötig, wenn das Pferd nicht korrigiert werden muss.

Das fertig ausgebildete Pferd, welches sauber durchgymnastiziert und gerade gerichtet ist braucht z.B. Schenkel- und Zügelhilfen nur noch andeutungsweise und sehr kurz und lässt sich weitgehend über Gewichtshilfen kontrollieren. Es muss aber in der Grundausbildung für diese Minimierung vorbereitet worden sein.

Eine »Abkürzung« der Grundlagenarbeit ist auch aus einem anderen Grund nicht sinnvoll – auch wenn so mancher denkt, er könne damit Zeit sparen: Wer dem Pferd nicht genug Zeit lässt,

Auch Geländepferde brauchen eine gymnastizierende Grundausbildung.

Abwechslungsreiche Arbeit – auch im Gelände.

sich mit dem Reitergewicht neu auszubalancieren und seine Haltung an die neuen Erfordernisse anzupassen, riskiert Überlastungs-Schäden an Sehnen, Gelenken und an der Wirbelsäule des Pferdes. Und wer denkt, dass eine dressurmäßige Gymnastizierung für ein Geländepferd nicht notwendig sei, riskiert das Gleiche. Zudem macht sich jeder Reiter, der auf eine umfassende Ausbildung seiner selbst und seines Pferdes verzichtet, unnötig das (Reiter)Leben schwer. Ein gymnastiziertes und gut erzogenes Pferd ist nämlich deutlich bequemer, Kraft sparender und sicherer zu reiten als ein steifes, unerzogenes Tier. Außerdem braucht es weniger Tierärzte und lebt länger.

Anatomische und psychologische Grundlagen für Reiter

Um den Partner Pferd nicht zu überfordern, müssen wir als Reiter wissen, was wir ihm wann zumuten können. Dazu brauchen wir ein Grundverständnis der anatomischen Zusammenhänge bei Mensch und Pferd. Und außerdem Einfühlungsvermögen, gesunden Menschenverstand sowie einige Kniffe aus der psychologischen Trickkiste, um dem Pferd seine Ausbildung »schmackhaft« zu machen. Wir müssen Lehrer, Trainer und Freund für das Pferd sein.

Zudem muss ein guter Reiter seinen eigenen Körper gut trainiert haben. Kondition, Kraft und Ausdauer sind hilfreich. Viel wichtiger sind jedoch Körperbeherrschung, Bewegungsgefühl und Beweglichkeit. Und das sind nur die Punkte auf der physischen Ebene.
Auf der mentalen Ebene kommen Selbstbeherrschung, Selbstkontrolle, Selbstkritik, die Fähigkeit zu vorausschauendem Handeln sowie »Lehrbefähigung« hinzu. Allein der Begriff Lehrbefähigung beinhaltet wiederum eine Menge Einzelfähigkeiten, z.B. Lerninhalte so aufzubereiten und zu vermitteln, dass sie optimal aufgenommen werden. In Bezug auf die Arbeit mit dem Pferd müssen Lern- und Trainingsinhalte auch rein nonverbal – durch Körpersprache – vermittelt werden können.

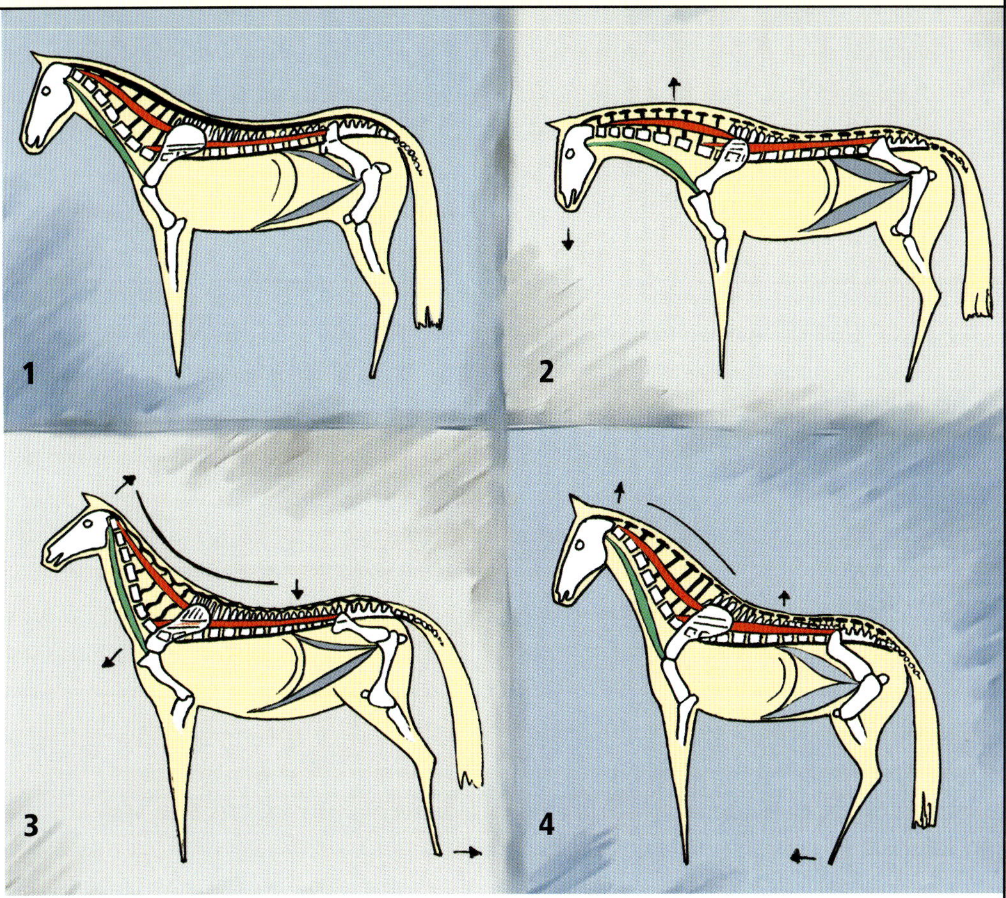

Anatomische Zusammenhänge

Der Rücken des Pferdes taugt von Natur aus nicht zum Tragen des Reitergewichtes. Wirbelsaule und Beine sind anfällig gegen Überlastungsschäden. Beide Problemkreise sind jedoch durch richtiges Aufbautraining in den Griff zu bekommen. Dieses Aufbautraining dauert seine Zeit und sollte nicht beschleunigt werden. Jede körperliche Überforderung am Anfang der Ausbildung rächt sich irgendwann in irgendeiner Form. Im besten Fall in Widersetzlichkeiten, im schlimmsten Fall in irreparablen Schäden am Bewegungsapparat oder Rücken des Pferdes.

Warum Widersetzlichkeiten der beste Fall sind? Weil das Pferd uns damit (oft rechtzeitig) mitteilt, dass etwas ganz und gar nicht in Ordnung

1. Der Aufbau des Pferderückens:
schwarz: Nackenrückenband (über der Wirbelsäule) und Wirbelsäulenband (unter der Wirbelsäule)
rot: Riemenmuskel (Oberhals) und langer Rückenmuskel
blau: Bauch- und Lendenmuskeln
grün: Kopf-Hals-Armmuskel (sichtbarer Unterhals, wenn das Pferd den Hals hochdrückt)

2. Die richtige Dehnungshaltung: Das Nackenrückenband dehnt sich und hebt Rücken und Widerrist des Pferdes an. Bauch- und Lendenmuskeln ziehen sich zusammen.

3. Das Pferd mit weggedrücktem Rücken: Das Nackenrückenband ist schlaff. Die Wirbelsäule hängt nach unten durch, die Bauchmuskeln sind schlaff. Diese Haltung führt zu Rückenschäden.

4. Das richtig versammelte Pferd: Die Hinterhand kommt durch das Zusammenziehen der Bauchmuskeln unter das Pferd, das Nackenrückenband ist gespannt und hebt Widerrist und Wirbelsäule an.

ist. Und wenn wir vernünftig sind und die Signale des Pferdes richtig deuten, dem Pferd richtig »zuhören«, dann ändern wir etwas an unserem momentanen Reitsystem, um die Probleme zu beheben.

Psychologische Zusammenhänge – Respekt · Vertrauen · Aufmerksamkeit

Es gibt jedoch auch Widersetzlichkeiten, die nicht von körperlichen Problemen des Pferdes verursacht werden. Das sind fast ausnahmslos entweder »Kompetenzstreitigkeiten«, wenn nicht vollständig geklärt ist, wer etwas zu sagen hat, oder »Verständnisprobleme«, wenn Signale undeutlich oder widersprüchlich gegeben werden, oder wenn komplexe Hilfen nicht gut genug durch einfache vorbereitet wurden.

Damit Signale richtig »ankommen« können, muss das Pferd den Menschen respektieren. Hat der Mensch nämlich den Respekt des Pferdes, so bekommt er Vertrauen und Aufmerksamkeit gratis dazu, weil er sich dem Pferd gegenüber erfolgreich als Alphatier dargestellt hat. Aus den Grundsätzen des Herdenverhaltens lässt sich ableiten:

1. Das Alphatier ist »weisungsbefugt« und kann Bewegungsrichtung und Tempo jedes rangniederen Tieres kontrollieren (Respekt).
2. Das Alphatier ist »vertrauenswürdig« und sorgt für Schutz und Sicherheit der Herdenmitglieder (Vertrauen).
3. Das Alphatier muss man »im Auge behalten«, damit man seine Signale nicht verpasst (Aufmerksamkeit).

Aus den drei Punkten Respekt, Vertrauen und Aufmerksamkeit, in Verbindung mit einer deutlichen Körpersprache, ergeben sich Gehorsam und (freiwillige) Mitarbeit des Pferdes fast von allein – zumindest was einfache Übungen am Boden und unter dem Sattel angeht.

Bei komplexeren Übungen spielen Gleichgewicht, körperliche Belastungsfähigkeit und individuelle Lernfähigkeit des Pferdes sowie die Sensibilität und das Kommunikationsgeschick des Reiters eine zusätzliche Rolle.

Schmerzfreiheit und Angstfreiheit

Um effektiv mit dem Pferd zu kommunizieren brauchen wir seine volle Aufmerksamkeit. Hat das Pferd Schmerzen oder Angst, so ist ein Teil dieser Aufmerksamkeit blockiert.

Wenn das Pferd damit beschäftigt ist, nach dem »großen Pferde fressenden Ungeheuer« am Waldrand Ausschau zu halten, so müssen Sie ein »Angstbewältigungsprogramm« oder auch »Vertrauensaufbauprogramm« starten. Bei der

Aus den drei Punkten Respekt, Vertrauen und Aufmerksamkeit, in Verbindung mit einer deutlichen Körpersprache, ergeben sich Gehorsam und (freiwillige) Mitarbeit des Pferdes fast von allein.

Angstbewältigung/dem Vertrauensaufbau geht es darum, das Pferd mit Angst auslösenden Situationen zu konfrontieren und ihm dann zu signalisieren »Kann nichts passieren, ich sorge für deine Sicherheit ...« Aus diesem Grund müssen Sie als Alphatier jede Forderung an das Pferd auch dann durchsetzen, wenn das Pferd Angst vor der gestellten Aufgabe hat. Das Pferd muss mit der Zeit lernen, dass alles, was Sie von ihm fordern ungefährlich ist. Sorgen Sie jedoch dafür, dass das auch tatsächlich so ist. Machen Sie keine Übungen, bei denen sich das Pferd verletzen könnte. Und bauen Sie die Reihenfolge der Übungen pferdegerecht auf. (Mehr dazu in Kapitel 5.)

Wenn das Pferd Schmerzen hat, so wird es sich bei Lektionen, die diesen Schmerz auslösen oder verstärken, zur Wehr setzen. Ein Pferd mit Rückenschmerzen kann in schweren Fällen anfangen zu bocken oder versuchen, dem Schmerz davonzurennen. Auch Steifheiten aufgrund von mangelhafter Gymnastizierungsarbeit können dem Pferd Schmerzen bei bestimmten Lektionen verursachen. Macht ein ansonsten braves Pferd bei bestimmten Übungen Schwierigkeiten, so können Sie davon ausgehen, dass etwas nicht stimmt. Versuchen Sie nicht, mit Gewalt an solchen schmerzhaften »Knackpunkten« zu arbeiten, sondern geben sich mit kleinen Teil-Erfolgen zufrieden. Wenn ein Pferd Probleme mit dem Rückwärtsrichten hat, weil seine Hinterbeine steif sind, so belohnen Sie jeden halben Tritt, mit dem das Pferd signalisiert »ich versuch's ja«. Und reiten Sie zusätzlich andere Lektionen, welche die Beweglichkeit der Hinterbeine fördern und deren Tragkraft entwickeln (z.B. Schulterherein).

Bei Rückenproblemen sollten Sie eine Weile vollkommen auf die Belastung des Rückens verzichten und das Pferd entweder longieren oder nur im leichten Sitz und Leichttraben arbeiten.

Reihenfolge und Timing

Für eine gute Kommunikation sind zu guter Letzt auch die richtige Reihenfolge von Lernschritten sowie das richtige Timing beim so genannten »Zusammenwirken« der Einzel-Hilfen in komplexeren Hilfenkombinationen von Bedeutung. Ohne einen durchdachten Aufbau von Lerninhalten und »Sprachschatz« ist besonders bei schweren Lektionen keine deutliche Verständigung möglich (siehe Kapitel 4).

links: Ein Pferd, welches sich von hinten führen lässt, hat Respekt und Vertrauen zum Menschen.

rechts: Das Pferd ist aufmerksam – die Ausrichtung der Ohren verrät Konzentration auf die Reiterin. Es wirkt zufrieden und ruhig.

Einfache Hilfen und deren Grenzen

Balance in der Bewegung in 6 Schritten

- 1. Der Gleichgewichtssitz
- 2. Der Gleichgewichtssitz des Reiters in den verschiedenen Gangarten
- 3. Der Gleichgewichtssitz als Grundlage effektiver Kommunikation
- 4. Das Gleichgewicht des Pferdes unter dem Reiter
- Schwerpunkt und Gleichgewicht
  Die gezielte Störung des Gleichgewichts als Basis-Kommunikationsmittel
- 6. Das Rückwärtsrichten und seine Bedeutung

Einfache Hilfen

Einfache Hilfen und deren Grenzen

Wie schon in den ersten beiden Kapiteln angerissen, gibt es einige Signale/Hilfen, die das Pferd ohne Ausbildung versteht. Sie bilden die Basis und dienen als Ausgangsposition für alle komplexeren Hilfen. Eine Reaktion des Pferdes auf solche Basishilfen muss sicher und prompt erfolgen, bevor man daran gehen kann, komplexere Hilfen zu etablieren. Reagiert das Pferd gut auf unsere Basishilfen am Boden und unter dem Sattel, so können wir sicher sein, dass unsere Körpersprache deutlich und richtig ist.

Folgende Punkte stellen die Basis für eine auf Dauer erfolgreiche Verständigung dar:

1. Das Pferd lässt sich am Boden kontrollieren

Durch Körpersprache und einfache Stimmsignale kann der Mensch es in Bewegung setzen, stoppen sowie vorwärts, rückwärts und seitwärts schicken. Dazu gehören das einfache Führtraining sowie die verschiedenen Aspekte der Bodenarbeit am Strick und mit dem freien Pferd. Auch der Vertrauensaufbau mit der Angstbewältigung ist Bestandteil des Basisprogramms. Zudem fällt der Beginn der Longenarbeit (in niedrigem Tempo) mit der Sonderform »Fahren vom Boden« in diesen Bereich.

2. Das Pferd lässt sich vom Sattel aus in niedrigem Tempo kontrollieren

Durch gezielte Gewichtsverlagerung bringt der Reiter das Pferd aus der Balance und verursacht so eine natürliche Reaktion – das Pferd läuft unter das Gewicht des Reiters, um seinen Schwerpunkt wieder mit dem des Reiters in Übereinstimmung zu bringen. Das funktioniert in Reinform jedoch nur im Schritt und allenfalls noch im langsamen Trab, weil in schnellerer Bewegung Fliehkräfte wirken, die eine stärkere Gymnastizierung des Pferdes sowie umfassendere Kontrollinstrumente erfordern.

Wichtige Fähigkeiten des Reiters

- Grundsatzwissen über Anatomie, Psychologie und Kommunikationsmechanismen bei Mensch und Pferd
- Selbstbewusstsein
- Selbstbeherrschung
- Selbstkritik
- innere Ausgeglichenheit und Ruhe
- Konsequenz, Bestimmtheit und Beharrlichkeit (Willensstärke und Durchsetzungsvermögen)
- Souveränität und Autorität
- schnelle Reaktionsfähigkeit
- eine gute Beobachtungsgabe
- Ausdrucksfähigkeit (durch Körpersprache) und Einfühlungsvermögen
- vorausschauendes und folgerichtiges (logisches) Handeln
- Kommunikationstalent und Lehrbefähigung
- Kondition und bewusste Körperbeherrschung
- Koordinationsfähigkeit (für komplexe Hilfensysteme)
- trainierte Muskulatur und ein gutes Bewegungsgefühl
- dynamisches Gleichgewicht/ Balance in der Bewegung

Die einfachen Gewichtshilfen werden unterstützt:

- durch den undifferenzierten Einsatz der Stimme (über die Stimmlage) als Lob oder Strafe, Beruhigung oder Aufmunterung,
- durch einfache, einseitige Zügelhilfen, die dem Pferd die Bewegungsrichtung »zeigen«.

Die Schenkelhilfen gehören schon in den Bereich der komplexeren Hilfen (Kapitel 4), denn sie stellen eine angelernte Hilfe dar, deren Bedeutung das Pferd erst lernen muss.

Die Grundlagenarbeit am Boden baut vor allem auf die »Führungsqualitäten« des Menschen (Autorität, Souveränität, Bestimmtheit). Besitzt er sie nicht, so hat er ein grundsätzliches Problem und muss zuerst am eigenen Selbstbewusstsein und an seiner Durchsetzungskraft arbeiten, sonst nimmt ihn kein Pferd auf Dauer ernst.

Die Basishilfen aus dem Sattel sehen an sich zwar recht einfach aus, denn sie lassen sich auf drei Hilfenarten reduzieren: einfache Zügelhilfen, einfache Gewichtsverlagerung und einfacher Einsatz der Stimme mittels der Stimmlage (s.o.). Sie beinhalten jedoch einiges an Fehlerpotenzial, wenn »äußeres Gleichgewicht«, Bewegungsgefühl und Körperbeherrschung des Menschen fehlen oder nicht gut genug entwickelt sind.

Wichtige Fähigkeiten für den Reiter

Alles in allem erfordern auch schon die »einfachen Hilfen« eine ziemlich umfangreiche Palette an Fähigkeiten und Eigenschaften des Menschen, wie sie im nebenstehenden Kasten aus den ersten beiden Kapiteln zusammengefasst werden. Erschrecken Sie nicht – das Repertoire ist zwar umfangreich, doch viele Fähigkeiten besitzen Sie in mehr oder weniger ausgeprägter Form schon und müssen allenfalls ein wenig daran arbeiten.

Gehen wir einmal davon aus, Sie haben sich das nötige Wissen angeeignet und sind ein ausgeglichener, kommunikativer, willensstarker und sportlicher Mensch mit gutem Bewegungsgefühl.

Trailarbeit ist gut für die Feinabstimmung der Schenkelhilfen.

Dann sind Sie auf dem besten Weg, zumindest die Arbeit am Boden gut zu bewältigen.

Die Arbeit vom Sattel aus erfordert etwas längeres Training, denn das dynamische Gleichgewicht braucht seine Zeit zur Entwicklung: Je älter Sie sind, wenn Sie das erste Mal auf ein Pferd steigen, umso mehr Zeit müssen Sie für diese Entwicklung aufwenden. In dieser »Lehrzeit« müssen Sie auf Ihren Bewegungslehrmeister – Ihr Schulpferd – »hören«, um den Bewegungsrhythmus der einzelnen Gangarten zu erfassen und Ihren eigenen Körper darauf einzustellen. Ein Reitlehrer kann dabei immer nur Schützenhilfe leisten – das Gefühl für das dynamische Gleichgewicht müssen Sie jedoch in Zusammenarbeit mit dem Pferd selbst erarbeiten. Je mehr Sie sich dabei auf Abläufe im eigenen Körper in Beziehung zur Bewegung des Pferdes konzentrieren können, umso besser. Sitzübungen an der Longe sind deswegen am besten geeignet, weil sie Störungen von außen ausschließen sowie Ängste vor Kontrollverlust und dem Herunterfallen abbauen.

In den folgenden Abschnitten geht es nun ums Gleichgewicht – zuerst um das des Reiters, dann um das des Pferdes und schließlich ums gemeinsame.

Balance in der Bewegung in 6 Schritten

1. Der Gleichgewichtssitz

Gerade Haltung und Aufrichtung des Reiter-Oberkörpers

Der Mensch besitzt ein äußerst empfindliches Gleichgewichtssystem. Seine aufrechte Haltung bedingt eine Beweglichkeit der Extremitäten, die einzigartig unter den Säugetieren ist. Besonders die Feinkoordination in den Händen sucht ihresgleichen, weil die Arme keine Stützfunktion mehr wahrnehmen müssen. Die aufrechte Haltung birgt jedoch auch genügend Potenzial für Fehlfunktionen des Systems. Mangelndes oder fehlendes Training des Bewegungsapparates und damit der Rückenmuskulatur führt zu Haltungsfehlern, Verspannungen und schließlich zu Rückenschmerzen (eine verbreitete »Zivilisationskrankheit«). Das schränkt die Beweglichkeit im gesamten menschlichen Körper wieder ein,

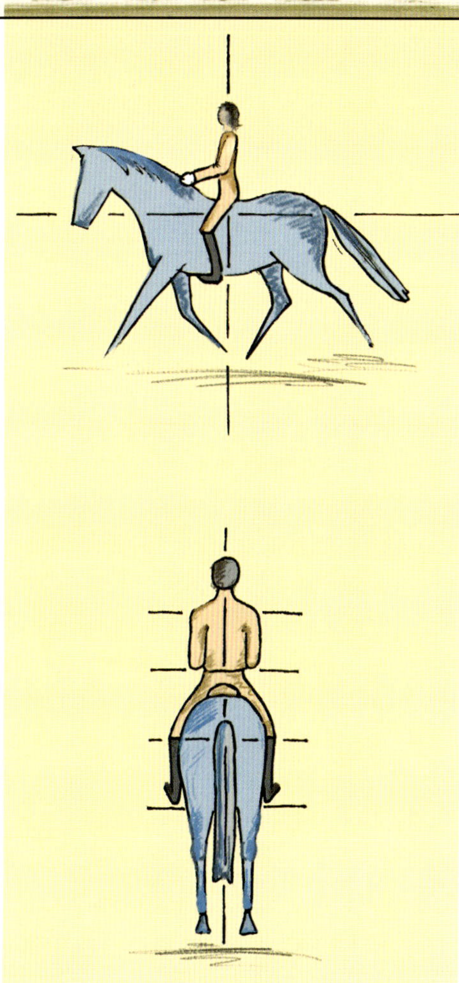

Aufrecht sitzen bedeutet vor allem, seine beiden Gesäßknochen gleichmäßig zu belasten und nicht im Brustkorb zusammenzufallen.

Ein ausbalancierter Sitz im Gleichgewicht ist die Grundvoraussetzung für jede Hilfe.

wie schon in einigen Abschnitten von Kapitel 2 beschrieben.

Je mehr der Mensch von einer wirklich aufrechten Haltung abweicht, desto stärker müssen seine Muskeln (nicht nur die im Rücken, sondern auch die in den Gliedmaßen) arbeiten, um seinen Körper im Gleichgewicht zu halten. Und umso weniger funktioniert die Feinkoordination in den einzelnen Gliedmaßen, besonders in den Händen.

Übertragen wir nun die Problematik auf den Reitersitz: Ihr Oberkörper muss wirklich gerade und aufrecht sein. Nur dann können Sie mit minimaler Anstrengung sitzen, ohne Arme und Beine zum Festhalten zu benutzen und ihre Feinkoordination zu blockieren. Denn ohne Feinkoordination können Sie keine differenzierten Hilfen geben.

Was bedeutet aufrecht und gerade?

Ihre Wirbelsäule hat von Natur aus eine S-Form (von der Seite gesehen), die auch im richtigen Sitz auf dem Pferd erhalten bleibt. Dieses S verändert sich jedoch im dynamischen Gleichgewicht ständig und schwingt zwischen zwei Extrempositionen hin und her: In der einen Position ist die Wirbelsäule im Lendenbereich fast ganz gerade, in der andern hat sich die S-Form dort deutlich verstärkt (ausgebaucht). Von hinten gesehen sollte jedoch die Wirbelsäule (und damit der Reiterrücken) völlig senkrecht und gerade – ohne seitliche Verkrümmung – aussehen.

Nun sind die Menschen (wie auch die Pferde) nie völlig symmetrisch aufgebaut. Jeder trägt die eine oder andere natürliche Schiefe mit sich herum. Der Mensch als Reiter ist nun dafür verantwortlich, sowohl seine eigene Schiefe zu erkennen und weitestmöglich auszugleichen als später auch die des Pferdes zu korrigieren (siehe auch Geraderichten Kapitel 4).

Der richtige gerade Sitz ist relativ

Es ist der Sitz, bei dem beide Gesäßknochen mit dem gleichen Gewicht belastet werden, wenn das Pferd gleichmäßig auf allen vier Füßen steht. Damit wird auch der Rücken des Pferdes völlig gleichmäßig belastet. Ist der Reiterrücken oder auch seine Hüfte schief, so muss diese gleichmäßige Gewichtsverteilung auf die Gesäßknochen durch Ausgleichsbewegungen, z.B. vermehrtes Austreten eines Bügels erreicht werden. Das geht mit einer Veränderung des Körpergefühls des Reiters einher (ihm erscheint dieser neue Sitz schief) und funktioniert deswegen nur mit der Hilfe eines erfahrenen Lehrers, der den Reitschüler immer wieder »richtig« hinsetzt und dessen Gefühl für »gerade« etabliert.

Der ausbalancierte Sitz arbeitet mit »Wechselspannung«

Der anzustrebende Gleichgewichtssitz ist im Normalfall der Sitz, bei dem die wenigste Spannung in allen Muskeln gebraucht wird, um den Oberkörper aufrecht zu halten. Das gilt jedoch natürlich nur auf dem stehenden Pferd. Für den Sitz im dynamischen Gleichgewicht braucht es eine im Gangarten-Rhythmus wechselnde Muskelspannung. Wichtig ist dabei vor allem, dass der Reiter jede nötige Anspannung im Muskel bewusst wieder zurücknimmt. Eine ständige Spannung kostet unnötig Kraft und macht den Sitz nicht etwa stabiler sondern instabil. Zuviel dauerhafte Spannung hebelt den Reiter im schlimmsten Fall aus dem Gleichgewichtssitz heraus (z.B. das beliebte Anklammern mit dem Knie). Eine kurzfristige »Spannungsspitze«, z.B. ein kurzes, schnelles »Zumachen« des Knies bei einer Parade, ist jedoch möglich und in vielen Fällen auch nötig.

2. Der Gleichgewichtssitz des Reiters in den verschiedenen Gangarten

Mit dem Gesäß »laufen« im Schritt

Das Sitzen im Schritt stellt keine besonderen Anforderungen an den Reiter. Die Bewegung des Pferderückens ist »schwunglos« und ähnelt dem Schreiten des Menschen. Der Schritt ist gut geeignet, das Körpergefühl für einen losgelasse-

Bildhafte Bewegunsgvorstellung

- Mit dem Gesäß »laufen« im Schritt.
- Locker schwingender Beckenkamm im Trab.
- In den Galopp rollen.

nen Sitz und die richtige Aufrichtung im Oberkörper auf dem Pferd zu entwickeln. Jede neue Hilfenkombination, jede neue Lektion soll im Schritt gelernt, geübt und gefestigt werden, bevor sie in einer höheren Gangart versucht wird. Das verringert Kommunikationsprobleme und verhindert viele Widersetzlichkeiten.

Konzentrieren Sie sich auf Ihre Gesäßknochen, wenn Sie Schritt reiten: Im Schritt nimmt das Pferd rechts und links abwechselnd einen Gesäßknochen des Reiters mit nach vorn. Das funktioniert jedoch nur, wenn Sie Ihre Beine aus der Hüfte erst einmal locker hängen lassen. Auch die Hüfte selbst muss losgelassen bleiben. Klemmen Sie die Knie dauerhaft an den Sattel, dann fühlen Sie diese Rechts-Links-Bewegung nicht.

Um das Bein etwas unter Spannung zu halten, heben Sie später die Fußspitze leicht an. Drücken Sie nicht mit Gewalt die Absätze herunter, das macht Ihre Beine und resultierend Ihren Sitz steif. Das Anheben der Fußspitze bewirkt zweierlei: Erstens wird der Wadenmuskel leicht gespannt – diese Spannung brauchen Sie, wenn

rechts: Ausbalancierter Schritt. Das Pferd lässt den Hals fallen, die Reiterin sitzt ruhig und locker.

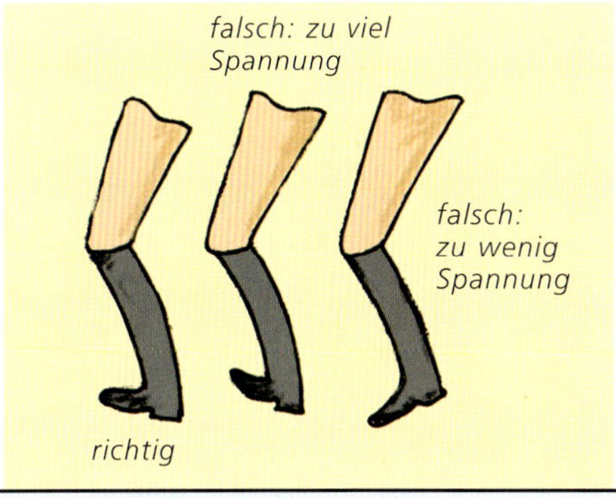

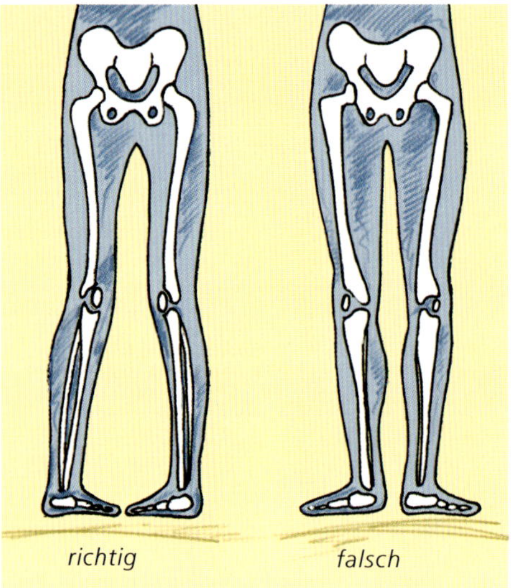

Beine aus der Hüfte nach innen drehen – das Knie kommt automatisch flach ans Pferd und die Gesäßknochen stehen etwas weiter auseinander, was zu einem tieferen Sitz führt.

Sie mit der Wade treiben, d.h. Druck ausüben wollen. Zweitens kommt das Knie in eine festere und tiefere Lage, ohne angepresst werden zu müssen, was Ihrem Sitz zusätzliche Stabilität verleiht.

Außerdem drehen Sie aus dem Hüftgelenk Ihren Oberschenkel leicht nach innen ein. Dadurch kommt das Knie »flach« an den Sattel und die Fußspitzen drehen sich automatisch parallel zum Pferd, ohne dass Sie sich die Knöchel »verrenken« müssen. So können Sie nirgendwo hängen bleiben und Schenkeldruck mit der flachen Wade ist möglich.

Sodann widmen Sie Ihre Aufmerksamkeit Ihrem Oberkörper: Atmen Sie tief ein und stellen sich vor, Ihr Kopf wächst aus Ihren Schultern heraus nach oben. Wenn Sie jetzt wieder ausatmen, lassen Sie den Brustkorb in der »Einatmen-Stellung«. Lassen Sie den Kopf oben, ohne ihn in den Nacken zu legen und die Schultern fallen, ohne sie jedoch nach vorne zu nehmen (und damit wieder im Brustkorb zusammenzufallen). Jetzt müsste Ihnen Ihr Hals länger vorkommen als normal. Lassen Sie nun die Oberarme lose aus der Schulter hängen und winkeln die Unterarme aus dem Ellbogen so ab, als ob Sie ein Ei auf einem Löffel balancieren wollten. (Das ist prinzipiell eine gute Übung und Sie können sie auch machen, wenn Sie Lust haben ...) Handgelenk und Ellbogen bleiben locker und die Finger bilden eine Faust, bei der der Daumen wie ein kleines Dach obendrüber liegt.

Wenn Sie das alles erledigt haben, dann konzentrieren Sie sich wieder auf Ihre Gesäßknochen. Sie sollten Sie gleichmäßig stark, abwechselnd rechts und links, spüren – als ob Sie selbst auf dem Sattel mit ihnen »laufen«. Diese Bewegung besteht prinzipiell aus zwei Halbkreisbögen. Jeder einzelne Gesäßknochen wird von der

falsch: Der durchgebogene Daumen bringt zuviel Spannung in Hand und Handgelenk.

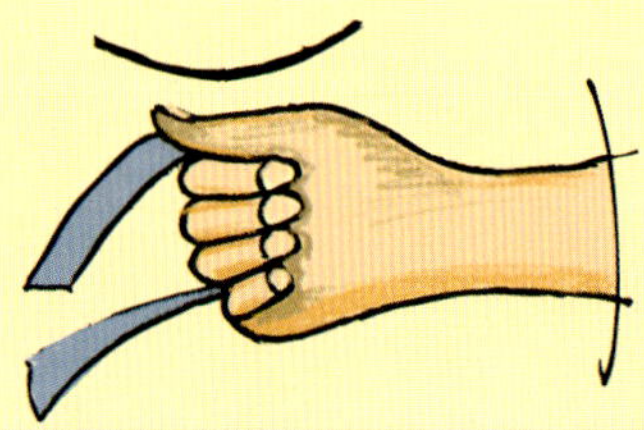

richtig: Der dachförmig aufgelegte Daumen hält den Zügel sicher fest, ohne die Handgelenke zu versteifen.

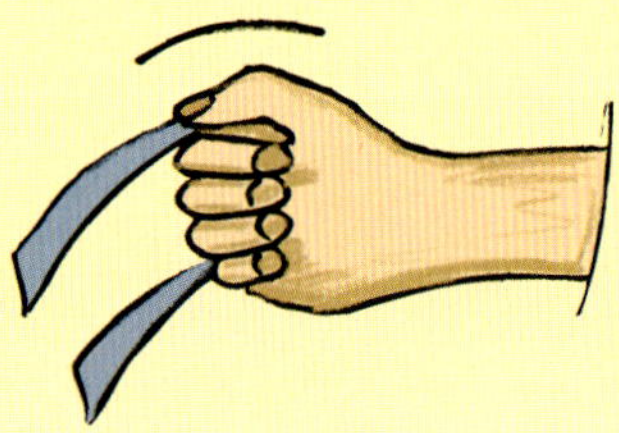

Rückenbewegung des Pferdes (über das Abfußen des Hinterbeines) angehoben und nach vorn-unten transportiert. Das ist der erste Halbkreis. Der zweite Halbkreis ist etwas kleiner und flacher: der Gesäßknochen sinkt weiter nach unten und kommt etwas nach hinten, weil das Pferd nun das andere Hinterbein nach vorn bewegt. Wenn Sie sich auf den Boden setzen und versuchen, mit dem Gesäß zu laufen, so können Sie die Bewegung Ihrer Gesäßknochen auf dem Pferd im Schritt simulieren.

Locker schwingen im Trab

In Trab und Galopp gelten die gleichen Richtlinien für die Aufrichtung im Sitz des Reiters.
Der Bewegungsrhythmus dieser beiden Gangarten unterscheidet sich jedoch grundlegend von dem im Schritt, weil nun eine verstärkte Auf- und Abbewegung im Rücken des Pferdes dazukommt – der Schwung.
Nun gibt es Reitweisen, bei denen versucht wird, den Schwung auf ein Mindestmaß zu begrenzen, um den Reiter bequemer sitzen zu lassen (Arbeitsreitweisen, z.B. das Westernreiten.) Andere Reitsysteme versuchen, den Schwung weitestmöglich zu entwickeln, um das Pferd eleganter aussehen zu lassen und seine Bewegungen optimal zur Geltung zu bringen (Reiten als Kunst/Hohe Schule). Beides hat seine Berechtigung, solange es nicht gegen anatomische Grundsätze verstößt (dazu mehr in Kapitel 4 und 5). Leichter zu erlernen für den Reiter ist natürlich der Sitz auf einem eher schwunglosen Pferd, vor allem im Trab. Schöner und eleganter anzuschauen ist jedoch die Trabbewegung eines Pferdes, welches locker im Rücken schwingt.
Wie dem auch sei: der Trab ist schwerer zu sitzen als der Schritt und fordert in stärkerem Maße die

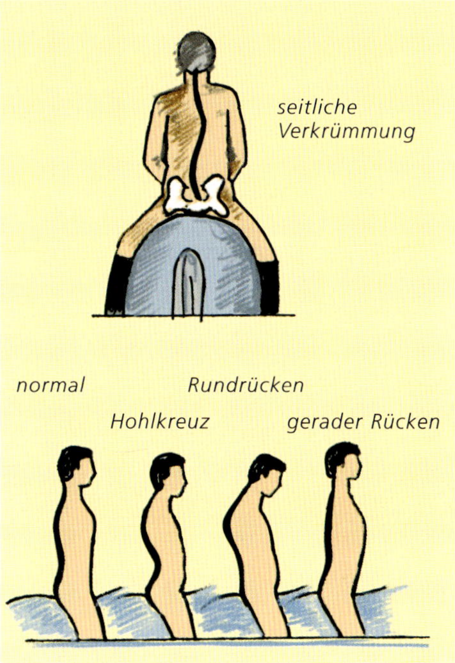

Verkrümmungen des Rückgrates setzen einen Reiter von Natur aus schief hin. Solche Haltungsanomalien können durch bewusste Konzentration auf die Stärke der Belastung des Gesäßknochens ausgeglichen werden.

»Balance in der Bewegung«, das dynamische Gleichgewicht.
Das Auf- und Abschwingen des Rückens im Trab entsteht durch das diagonale Abfußen der Pferdebeine in Verbindung mit einer Schwebephase. Das Pferd drückt sich in der diagonalen Zweibeinstütze nach vorn-oben ab – dann folgt die je nach Pferd und Reitstil mehr oder weniger ausgeprägte Schwebephase – und schließlich landet es auf dem anderen diagonalen Beinpaar, mit dem es sich erneut abfedert. Je mehr Zeit während der Schwebephase verstreicht, desto schwungvoller geht das Pferd und desto mehr Rückenbewegung entsteht. In der Schwebephase kann im verstärkten Trab die gleiche Zeit verstreichen wie in extremer Versammlung (z.B. Passage). Einmal wird die Zeit für einen Schwung

Sitzen im Trab

Der Sitz im Trab: Die beiden oberen Bilder zeigen eine erhöhte Grundspannung, die sich aus der Art der gerade gerittenen Lektion oder aus einer Korrektursituation heraus ergeben kann. Diese erhöhte Spannung sollte zurückgenommen werden, sobald sie nicht mehr benötigt wird. Die beiden unteren Bilder zeigen eine normale Spannung. Allen gemeinsam ist die Aufrichtung im Oberkörper, die sich bis in die Kopfhaltung fortsetzt.

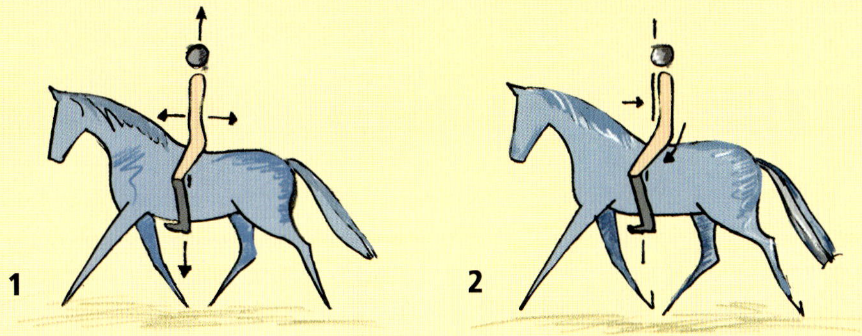

Richtiger Sitz im Trab

1. frei mitschwingen bei aufrechtem Oberkörper

2. die verhaltende Kreuzhilfe durch Anspannen der Bauchmuskulatur

falsch: Sitzen mit Hohlkreuz

falsch: Sitzen mit Rundrücken

falsch: nach hinten überkippen

nach vorne – für mehr Raumgriff – genutzt, das andere mal für einen Schwung nach oben – für mehr Kadenz.

Um das Schwingen des Pferderückens aufzunehmen, ohne dabei nach oben aus dem Sattel geworfen zu werden, muss der Reiter beweglich im Becken sein. Stellen Sie sich vor, Ihr Beckenkamm schwingt vor und zurück. Dabei verändert sich Ihr Wirbelsäulen-S ständig. Es schwingt aus der fast geraden Stellung in eine Verstärkung der S-Form (ansatzweise ein Hohlkreuz) und über die »neutrale Mittelposition« wieder zurück in die gerade Stellung. Dieses Schwingen sorgt dafür, dass Ihre Gesäßknochen immer Kontakt mit dem Sattel haben und Sie dem Pferd nicht unsanft in den Rücken plumpsen.

Ein bewusstes Blockieren der Schwingung, ein Abkippen im Becken (»Stehenlassen« der Wirbelsäule in der geraden Stellung), blockiert Ihre Bewegungen und in Folge auch die des Pferderückens. Es wird deswegen eingesetzt, um eine Bewegung zu stoppen oder zu verlangsamen (gemeinhin nennt man es die »verhaltende Kreuzhilfe«). Sie stören das Pferd gewollt, um eine Reaktion zu provozieren.

Blockieren Sie jedoch unbewusst (z.B. als Folge von Angst) Ihre Wirbelsäulenbewegung oder versteifen sich anderweitig in Hüfte und Becken, so stören Sie das Pferd ungewollt in seiner Rückenbewegung. Ihre Gesäßknochen verlieren den Kontakt mit dem Sattel, um dann zum falschen Zeitpunkt wieder unsanft mit ihm in Berührung zu kommen. Das tut Ihrem Allerwertesten nicht gut und dem Rücken des Pferdes schon gar nicht. Zudem macht es eine effektive Verständigung über Gewichtshilfen unmöglich, da diese über

Richtiger Sitz im Leichttraben: Gerader Oberkörper, leicht aus der Hüfte abgeknickt; das minimale Hohlkreuz und der senkrecht liegende Unterschenkel geben Stabilität.

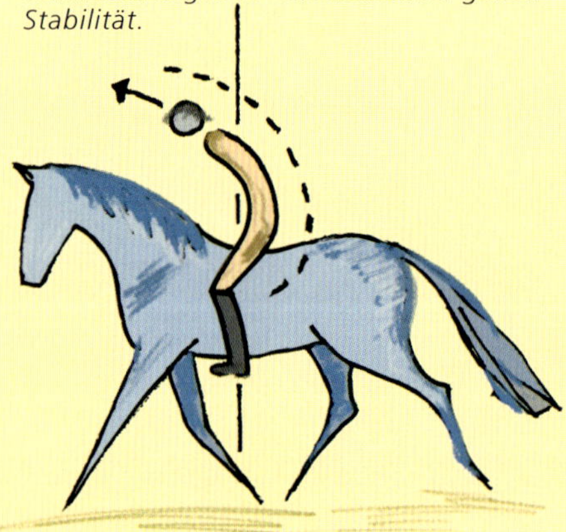

Falsch und instabil: Rundrücken mit Tendenz zum Kippen nach vorn – oben mit noch stabilisierendem Unterschenkel, unten noch instabiler durch den nach hinten rutschenden Schenkel.

eine bewusste, einseitige oder beidseitige Verstärkung des Druckes der Gesäßknochen auf den Sattel/Pferderücken gegeben werden. Können Sie die Druckverteilung nicht steuern, so können Sie dem Pferd kein präzises Signal geben. Es wird durch einen steifen, unsicheren Sitz orientierungslos, weil Sie es auch dann stören, wenn Sie keine Reaktion von ihm erwarten.

Essenziell im Trab sind lockere Schultern und Ellbogen, um nicht den gesamten Sitz mit festgehaltenen Schultern zu versteifen. Stellen Sie sich vor, jede Abwärtsbewegung des Pferderückens (und damit Ihres Oberkörpers) »sackt« von den Schultern aus in den Ellbogen hinein. Richtigerweise fühlen Sie Ihren Ellbogen dann regelrecht nach unten fallen. Dieses Gefühl bestätigt Ihnen,
1. dass Ihr Oberkörper aufgerichtet ist und
2. dass Ihre Arme samt Handgelenk und Hand locker und unabhängig vom Sitz sind.

Leichttraben

Um den Rücken von Pferd und Reiter zu schonen, hat man das Leichttraben erfunden.
Dabei kommt das Reitergewicht nur bei jedem zweiten Takt in den Sattel. Zudem fängt der Reiter einiges an Bewegungsenergie über Knie und Oberschenkel ab, so dass das »Einsitzen« weich erfolgt und dem Pferd nicht unvermittelt das volle Gewicht in den Rücken »fällt«.
Besonders für Pferde mit Rückenproblemen und solche mit sehr viel Bewegung im Rücken sowie für Reiter mit Problemen im Becken- und Wirbelsäulenbereich empfiehlt sich das Leichttraben. Richtig ausgeführt können fast alle Trab-Lektionen bis zu Schulterherein und Traversale im Leichttraben geritten werden, obwohl das für den Reiter oft anstrengender ist als auszusitzen.

Beim Leichttraben nicht aktiv aufstehen, sondern den Schwung des Pferdes nutzen und sich »hochwerfen« lassen.

Es ist jedoch allemal besser, als dauernd gegen einen »festen« Rücken des Pferdes anzureiten.

Mit der richtigen Ausführung des Leichttrabens hapert es jedoch bei vielen: Der eine benutzt den Steigbügel als Treppe und drückt sich mit Kraft aus dem Fuß und Unterschenkel nach oben. Der andere plumpst bei jedem Einsitzen nach hintenüber – und dem Pferd ins Kreuz. Der eine steht »vor der Bewegung« (des Pferdes) auf, der andere bleibt hinter ihr zurück.

Dabei ist das richtige Leichttraben einfach und logisch: Die Richtlinien für die gerade Haltung gelten wie gehabt. Der Oberkörper bleibt in sich gerade und aufgerichtet. Die Schultern lassen Sie locker fallen. Die Abwärtsbewegung sackt wieder in den Ellbogen durch. Der Oberkörper verändert jedoch leicht seine Stellung aus der Hüfte heraus. Er kommt nämlich minimal nach vorne, vor die Senkrechte. Dadurch wird erstens verhindert, dass der Reiter beim Einsitzen hinter die Bewegung gerät und dem Pferd in den Rücken fällt. Zweitens kann er damit Gewicht aus dem Sattel nehmen und über ein etwas fester anliegendes Knie auf den Oberschenkel verlagern. Besonders die Pferde mit Rückenschmerzen werden es ihm danken.

Zuviel Druck im Bügel ist auch beim Leichttraben nicht erwünscht. Nehmen Sie Ihren Absatz nur soviel herunter, dass Sie einen sicheren Halt mit dem Fußballen im Bügel haben.

Um den Oberkörper zu stabilisieren ist im Leichttraben etwas erlaubt, was sonst (bis auf den leichten Sitz im Galopp) streng verboten ist:

oben und rechts: Der Galopp ist – bedingt durch Schwebephase und Einbeinstütze – eine extrem instabile Gangart.

Machen Sie ein minimales Hohlkreuz. Stellen Sie Ihre Wirbelsäule in einer leichten Verstärkung des S fest, so lange Sie in einem Tempo leicht traben. Wollen Sie anhalten (auch das geht ohne weiteres aus dem Leichttraben, wie wir später noch sehen werden), so sitzen Sie ein und kippen dabei sofort Ihr Becken in die gerade Stellung ab (blockieren). Das Timing dafür ist nicht einfach, aber ein rückenempfindliches Pferd kann im Rücken vor der Blockade frei schwingen und gut untertreten, ohne vom Reitergewicht gestört zu werden. Es wird prompt und ohne Kampf auf ein Signal zum Anhalten reagieren, wenn ihm die Reaktion leichter gemacht wird.

Achten Sie bei allen Aktionen aus dem Leichttraben auf den Rest Ihres Sitzes: Kein unnötiger Kraftaufwand – lockere Schultern, Ellbogen, Handgelenke – freie Halswirbelsäule – Blickrichtung in die Richtung, in die Sie reiten wollen.

In den Galopp »rollen«

Der Galopp eines gut ausbalancierten, lockeren Pferdes ist für die meisten sehr viel einfacher zu sitzen als der Trab. Die Betonung liegt auf »gut ausbalanciert« – was gleichbedeutend mit »gut ausgebildet« ist. Ein solches Pferd springt jeden einzelnen Galoppsprung rund und mit gut untergeschobener Hinterhand und lässt sich relativ einfach im Tempo kontrollieren.

Nur auf einem solchen Pferd kann der Reiter das Bewegungsgefühl für den richtigen »bergauf« orientierten (dazu mehr in Kapitel 4 und 5) Galopp im klaren Dreitakt bekommen. Ein Pferd, welches unkontrolliert losschießt, den Rücken festhält oder den Dreitakt verliert, ist kein Lehrpferd für den Galopp.

Der Galopp besteht aus einer Abfolge von einzelnen Sprüngen mit einer anschließenden Schwebephase. Er ist die instabilste Gangart des Pferdes, bei der es am meisten durch das zusätzliche Reitergewicht gestört wird, wenn es nicht gut genug vorbereitet (gymnastiziert und mit dem Reiter ins gemeinsame Gleichgewicht gebracht) wurde. Instabil deswegen, weil sich oft nur ein Bein, in der Schwebephase auch gar keins, am Boden befindet. Diese Instabilität versuchen die meisten untrainierten Pferde durch schnelleres Auffußen der einzelnen Hufe wettzu-

machen, wenn sie mit dem zusätzlichen Reitergewicht konfrontiert werden. Sie galoppieren dann »flach wie ein Dackel« und höllisch schnell. Wenn es soweit gekommen ist, hat selbst ein guter Reiter kaum noch eine Chance, das Pferd ohne Gezerre im Maul wieder langsamer zu kriegen – geschweige denn ein unsicherer Reiter, der das Pferd noch zusätzlich mit einem unsicheren Sitz aus der Balance bringt.

Aus dieser Problematik ergeben sich zwei Grundsätze für den Galopp:

1. Ein junges Pferd lässt man so lange nicht unter dem Reiter galoppieren, bis es im Trab sicher ausbalanciert ist.

2. Einen unsicheren Reiter, der sich im Trab nicht ausbalancieren kann, lässt man nicht galoppieren (auch wenn er im Galopp prinzipiell vielleicht besser sitzen könnte).

Mit dieser Handlungsweise verhindert man, dass sowohl Pferd als auch Reiter Angst vor dem Gleichgewichtsverlust im Galopp bekommen und sich schwer zu korrigierende Fehler angewöhnen.

Doch nun zum eigentlichen Sitz:

Der Galoppsprung (nehmen wir einmal den Rechtsgalopp) beginnt mit dem linken Hinterfuß. Dann folgt eine diagonale Zweibeinstütze (rechts hinten + links vorne), die Einbeinstütze vorne rechts (mit dem optisch führenden, rechten Vorderbein) und schließlich die Schwebephase. Danach beginnt der nächste Sprung mit dem linken Hinterfuß, der, um die ganze Vorwärtsenergie der Schwebephase abzufangen, natürlich weit unter den Schwerpunkt gesetzt werden muss.

Der Linksgalopp beginnt mit dem rechten Hinterbein, gefolgt von hinten links plus vorne rechts und endet mit vorne links.

Zu Beginn hat die Bewegung Aufwärtstendenz. Das beginnende Hinterbein drückt das ganze Pferd (samt Reitergewicht) nach vorn-oben ab; Die Rückenlinie steigt an. Das kostet einige Kraft, wie man sich leicht vorstellen kann.

In der Zweibeindiagonale verläuft die Rückenlinie des Pferdes parallel zum Boden.

In der folgenden Einbeinstütze fällt sie nach vorn ab. Das gesamte Gewicht von Reiter und Pferd

Sitz im Galopp

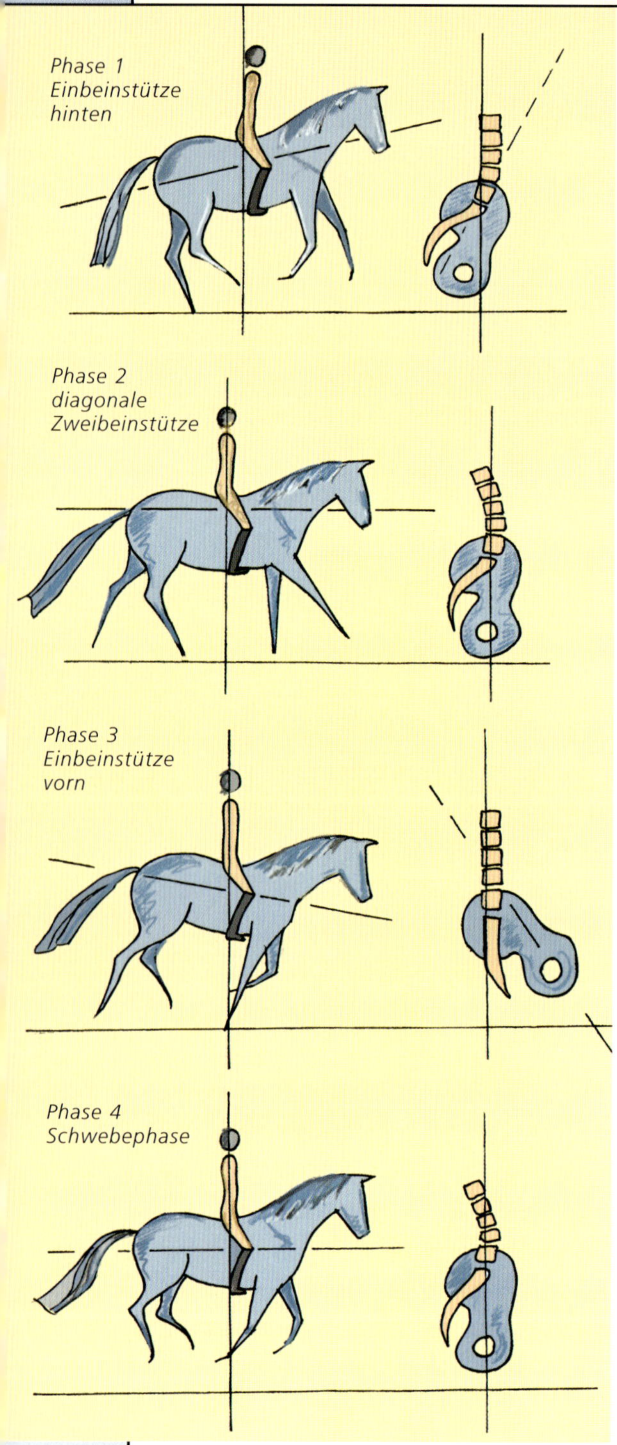

Auf- und absteigende Rückenlinie des Pferdes im Galopp und die jeweils angepasste Beckenstellung des Reiters.

lastet in diesem Moment kurz auf dem stützenden Vorderfuß.

In der anschließenden Schwebephase sollte die Rückenlinie wieder halbwegs parallel zum Boden sein.

Aus dieser »Schaukelbewegung« des Pferdes ergibt sich eine rollende Bewegung im Becken des Reiters. Ihr Beckenkamm kippt leicht nach vorne, wenn die Rückenlinie des Pferdes zu Beginn des Galoppsprungs ansteigt. Ihr Wirbelsäulen-S verstärkt sich leicht – Ihr Oberkörper kann evtl. minimal nach vorn vor die Senkrechte kommen. Ihre Gesäßknochen bleiben am Sattel, sie »rollen« jedoch leicht nach hinten ab. In der parallelen Phase sitzen Sie senkrecht mit der Wirbelsäule in »Normalstellung«. In der Abwärtsphase der Einbeinstütze vorn kippen Sie den Beckenkamm durch Anspannen der Bauchmuskulatur nach hinten (die Wirbelsäule wird gerade) – dadurch rollen Ihre Gesäßknochen nach vorn. Der Oberkörper kann unter Umständen kurzfristig minimal hinter die Senkrechte geraten.

In der folgenden Schwebephase (Rückenlinie des Pferdes parallel zum Boden) lassen Sie Becken und Wirbelsäule in die normale Mittelstellung zurückfedern und sitzen völlig senkrecht. Dazu müssen Sie nur die Bauchmuskeln wieder entspannen. Ihre Gesäßknochen »sinken« dabei von allein nach hinten-unten und nehmen die Ausgangsposition für einen neuen Galoppsprung ein.

rechts: Im versammelten Galopp verringert sich die Instabilität durch das verminderte Tempo und das verbesserte Gleichgewicht des Pferdes. Die Phase zeigt die Einbeinstütze hinten. (Idealerweise wäre die Nasenlinie dieses stark versammelten Pferdes vor der Senkrechten und damit die Schulter noch etwas freier.)

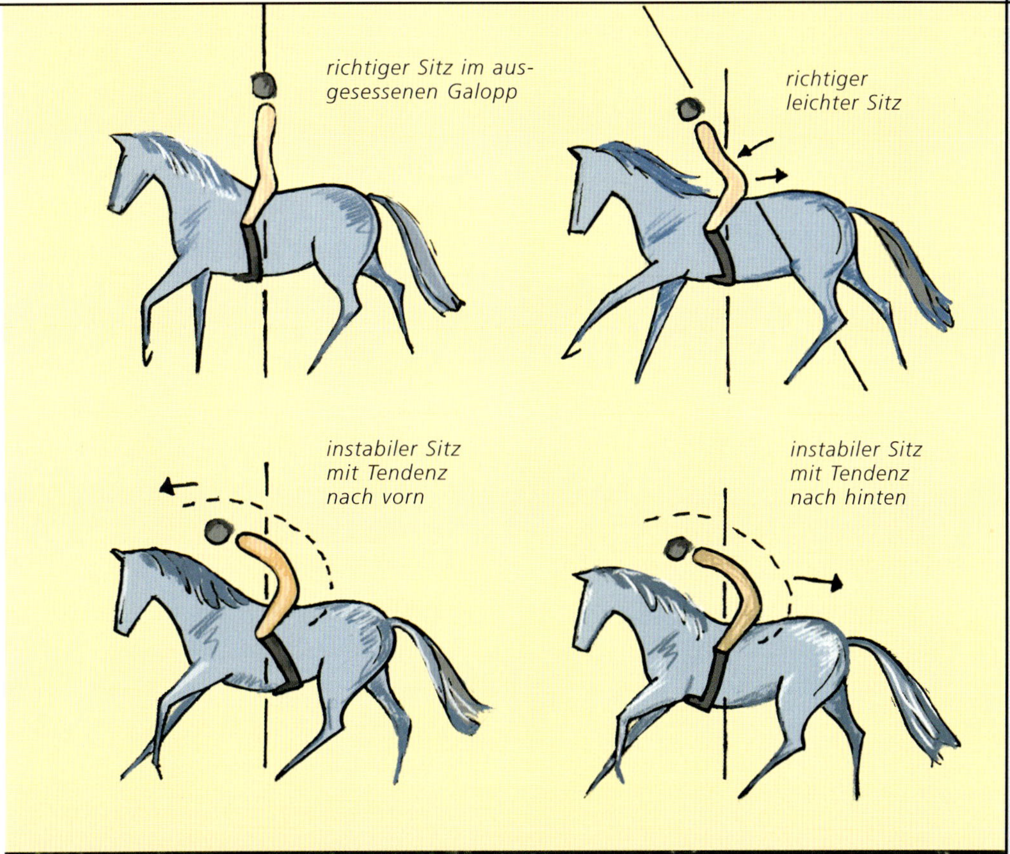
richtiger Sitz im ausgesessenen Galopp
richtiger leichter Sitz
instabiler Sitz mit Tendenz nach vorn
instabiler Sitz mit Tendenz nach hinten

3 Becken kippen

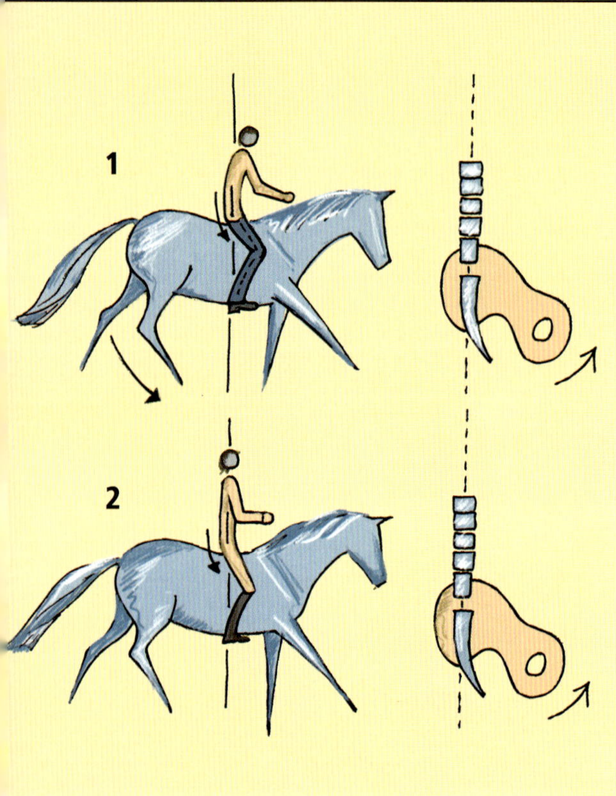

Das Becken kippen
1. die Westernversion
2. die englische Version
Die Haltung im Oberkörper unterscheidet sich, die Stellung des Beckens nicht.

Wollen Sie das Pferd in der Schwebephase verlangsamen oder anhalten, so lassen Sie den Beckenkamm (nach der Einbeinstütze vorn) mehr oder weniger stark nach hinten gekippt und blockieren oder verkürzen so einen neuen Galoppsprung.

Eine Besonderheit gibt es noch für den Sitz im Galopp: Da das Pferd im Rechts- bzw. Linksgalopp jeweils mit einem Vorderbein (dem optisch führenden) etwas weiter vorgreift, muss auch der Reiter die gleichseitige Hüfte etwas weiter vorschieben. Er sitzt also leicht diagonal im Galopp. Das Zurücknehmen des äußeren Schenkels und der vermehrte Druck des inneren Schenkels am Gurt für eine Hilfe zum Angaloppieren tragen dieser Diagonalen Rechnung. Benutzt er diese diagonalen Hilfen sitzt der Reiter automatisch richtig. Zum Lernen kann der Reiter beim Angaloppieren mit der äußeren Hand an den Hinterzwiesel/das Cantle des Sattels greifen. Damit sitzt er automatisch diagonal.

Die Kippbewegung im Becken ist das A und O für eine bewusste Steuerung der Gewichtsverteilung auf dem Pferderücken sowie für einen »anschmiegsamen« Sitz. Deswegen wird sie hier noch einmal gesondert behandelt.

Das Becken kippen

Um seine Wirbelsäulenstellung gezielt verändern zu können, muss der Reiter sein Becken bewusst unter Kontrolle haben. Das Abkippen im Becken ist das geeignete Instrument dafür.

Das Kippen des Beckens läuft immer über das Anspannen der Bauchmuskeln ab. Es wird zwar oft noch mit dem Begriff »Kreuz anspannen« oder «Kreuz anziehen« beschrieben. Doch ist diese Bezeichnung sehr missverständlich, denn die Muskeln im Rücken des Reiters (im Kreuz) werden durchaus nicht angespannt, sondern gedehnt bei dieser Bewegung. Nur Bauch- und Gesäßmuskeln leisten Arbeit und werden zusammengezogen.

Begriffe mit ähnlicher Bedeutung:

Das Becken kippen.
Das Kreuz anziehen.
Das Kreuz anspannen/anstellen.
(Mit Kreuz reiten)

Das Becken kippen

- **Dynamisch – um die Rückenbewegung des Pferdes nicht zu stören.**
- **Blockierend – um das Pferd im Rücken bewusst zu blockieren (um eine Bewegung zu stoppen oder zu verlangsamen (Paraden)).**

Mit dem Abkippen des Beckens können Sie völlig unterschiedliche Absichten verfolgen.

1. Sie können dafür sorgen, dass Ihr Gesäß in jeder Gangart wie festgeklebt am Sattel haftet. Das ist wichtig, damit Sie das Gleichgewicht und die Rückenbewegung des Pferdes im Normalfall nicht stören. Der Normalfall ist immer der, in dem das Pferd gerade das tut, was sie wollen, z.B. in akzeptablem Tempo (weder zu schnell noch zu langsam) und mit schwingendem Rücken unter Ihnen traben.
Für diesen ersten Fall kommt nur die sich im Bewegungsrhythmus ständig verändernde Wirbelsäulenstellung in Frage.

1. Die Stellung der Wirbelsäule mit gekipptem Becken (gerade).
2. Die Normal-Stellung mit der entspannten S-Form.

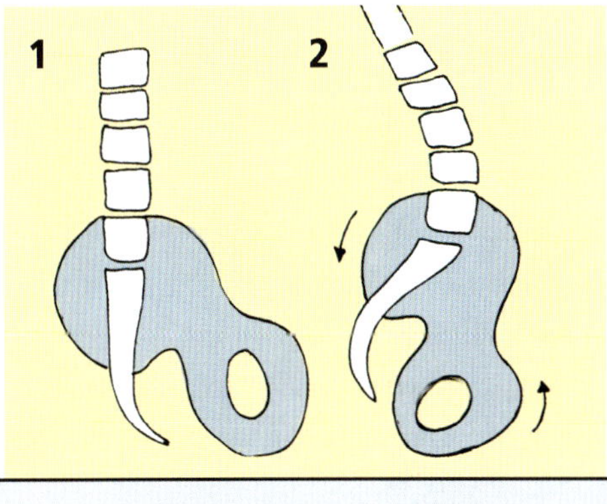

2. Sie können eine Bewegung des Pferdes bewusst blockieren. Das tun Sie kurzfristig bei jeder (ganzen und halben) Parade. Dabei nähern sich Ihre Rippen kurzfristig dem Beckenkamm. Sie ziehen mehr oder weniger den Bauch ein und fallen zusammen. Sofort, wenn sich das gewünschte Resultat eingestellt hat, müssen Sie Ihr »Kreuz wieder loslassen«, den Oberkörper wieder aufrichten, d.h. Rippenbögen und Beckenkamm entfernen sich wieder voneinander.
Übrigens: Stellen Sie sich das obige Bewegungsmuster vor und vergleichen es mit dem oft sichtbaren Fehler, bei dem sich der Reiter »die Hände in den Bauch zieht«, d.h. den Zügel nicht nachfasst sondern einfach nur die Hand nach hinten, in Richtung des eigenen Bauches zieht. Beides

Abkippen des Beckens in der extremen englischen Version für eine Parade zum Halten aus dem Galopp. Die gerade gestellte Wirbelsäule des Reiters blockiert die Bewegung des Pferderückens.

sieht ähnlich aus – nicht wahr. Auch das »Hände-in-den-Bauch-Ziehen« blockiert den Reiter im Oberkörper und das Pferd im Rücken.

Treiben mit dem Sitz funktioniert nicht

Es gibt jedoch auch Dinge, die man mit dem Abkippen des Beckens nicht besonders gut bewerkstelligen kann. Dazu gehört das so genannte »Treiben über den Sitz«.

Es gibt immer noch viele Reiter, die meinen, sie können durch das forcierte dynamische Abkippen des Beckens im Bewegungsrhythmus (das Anstellen des Kreuzes) die Hinterbeine des Pferdes zum Untertreten animieren und das Pferd damit vorwärts schicken (z.B. in den Mitteltrab). Das Gegenteil ist meistens der Fall. Das Pferd fühlt sich in seinem Bewegungsfluss gestört und verliert den Takt. Der Reitersitz wird unruhig und unschön.

Durch wiederholte Paraden (z.B. vom Trab zum Halten und daraus wieder antraben) kann man zwar tatsächlich die Hinterhand animieren. Doch das Antreten und das vermehrte Vorwärtsgehen sollten mit Schenkel- und Stimmhilfen und allenfalls mit Unterstützung der Gerte veranlasst werden.

Ist das Pferd für ein Zulegen im Trab gut genug vorbereitet, so erübrigen sich »schiebende« Hilfen sowieso, denn richtigerweise erfolgt das Zulegen aus der Versammlung. Und aus dieser müssen die Verlängerungen der Tritte in Trab und Sprünge im Galopp nur »herausgelassen« werden – ohne Gewürge und Geschiebe über den Sitz.

Gymnastik für den Reiter

Es gibt viele Übungen ohne Pferd, die dem Reiter helfen, Sensibilität, Koordination und Beweg-

Nur, wenn Sie im Gleichgewicht sitzen, können Sie das Pferd auch richtig geradeaus reiten (geraderichten).

lichkeit zu verbessern, wie schon in den vorangegangenen Abschnitten erwähnt. In den Abbildungen werden einige Übungen für »Gymnastik auf dem Pferd« dargestellt, die Ihnen helfen sollen, Ihre Gesäßknochen gleichmäßig zu belasten, sowie locker und aufrecht zu bleiben. Machen Sie sich bei allen Übungen bewusst, wie sich Ihre Beckenstellung und damit die Belastung der Gesäßknochen verändert. Damit sensibilisieren Sie sich auf Ihre eigene Haltung und sind in der Lage, sich selbst zu korrigieren.

3. Der Gleichgewichtssitz als Grundlage effektiver Kommunikation

Der Gleichgewichtssitz ist die Grundlage jeder Kommunikation vom Sattel aus.

Nur wenn Sie ausbalanciert sitzen können Sie:

1a. unbewusste Störungen des Pferdes vermeiden,

1b. das Pferd für eine Hilfe gezielt »stören«,

2. alle Signale/Hilfen bewusst »aussetzen«, wenn das Pferd in gewünschter Weise reagiert hat (und es über »Nichteinwirken« bestätigen und belohnen),

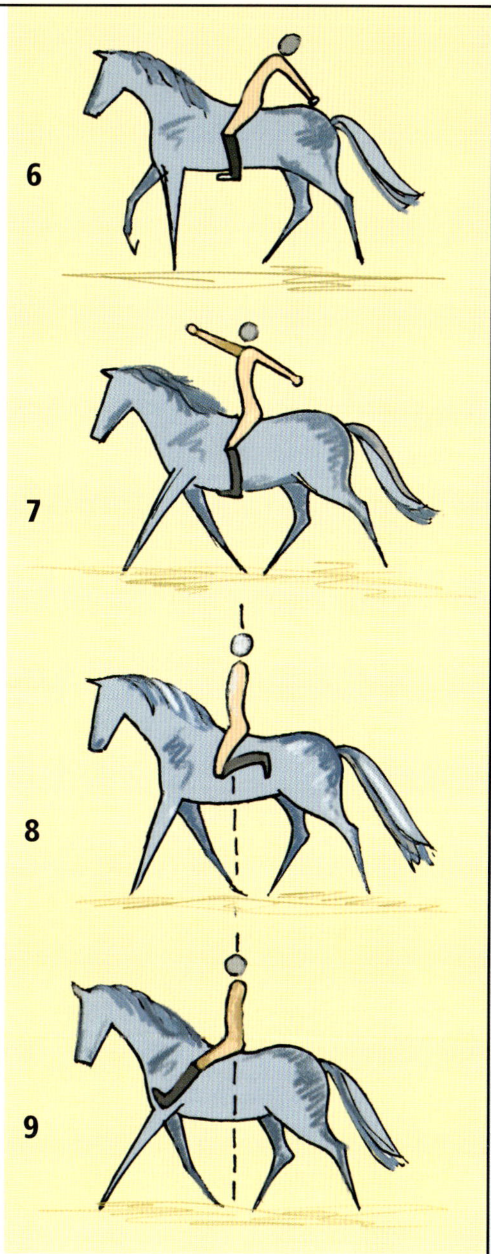

*Gymnastik:
linke Seite: 1. rechte Hand an linken Fuß und umgekehrt – 2. auf die Kruppe legen – 3. auf die Schulter legen – 4. überstrecken ins Hohlkreuz – 5. bewusst zusammenfallen (Blockade)
rechte Seite: 6. rechte Hand an linke Kruppenseite und umgekehrt – 7. Armkreisen (auch gegenläufig) – 8. Ferse Richtung Gesäß – 9. Beine nach vorn schwingen*

Vertrauen zwischen Mensch und Pferd (psychisches Gleichgewicht).

3. dem Pferd prinzipiell ein »angenehmes Gefühl« vermitteln, wenn es geritten wird, so dass es gerne mitarbeitet,
4. das Pferd gymnastizieren und so dessen Gleichgewicht (und damit das gemeinsame Gleichgewicht von Reiter+Pferd) in allen Gangarten verbessern.

Der nun folgende Punkt 4 ist für die Ausbildung des Pferdes von entscheidender Bedeutung.

4. Das Gleichgewicht des Pferdes unter dem Reiter

Ohne Reitergewicht befindet sich jedes Pferd im Gleichgewicht. Allerdings gibt es auch unter den Pferden »Bewegungstalente« mit guter Koordination und gutem Gleichgewicht und »Bewegungsidioten« mit Steifheiten, schlechter Koordination und schlechtem Gleichgewicht.
Es gibt Pferde mit schwachem Rücken, Fehlstellungen der Beine, ungünstig angesetzten Hälsen und, und, und ... Für eine Bewegung ohne Reitergewicht ist das nicht von großer Bedeutung. Unter der zusätzlichen Belastung durch den Reiter wird jedoch eine »Ausbildung« des Pferdes wichtig, um gesundheitlichen Schäden vorzubeugen. Ganz nebenbei wird ein ausgebildetes Pferd auch noch bequemer für den Reiter, d.h. leichter zu handhaben, sicherer zu kontrollieren und bequemer zu sitzen.

Ausbildung bezieht sich dabei auf folgende Punkte:

a. Erreichen eines psychischen Gleichgewichtes

Hier geht es um Angstbewältigung und Vertrauensaufbau: Das Pferd muss lernen, dem Menschen in allen »Lebenslagen« zu vertrauen. Das Grund-Vertrauen in den Menschen als Alphatier wird bei der Bodenarbeit erreicht und unter dem Sattel ausgebaut.
Neben dem Vertrauen in die »Schutzfunktion« des Reiters in brenzligen Situationen muss das junge Pferd auch lernen, den Gewichtshilfen des Reiters zu vertrauen. Es muss sicher sein, dass

4 Gleichgewichte

Reiter und Pferd müssen sich auf 4 Ebenen im Gleichgewicht befinden:

- **1. Balance des Reiters – dynamisches Gleichgewicht in der Bewegung.**
- **2. Ausgeglichenheit des Reiters – Souveränität und Sicherheit.**
- **3. Körperliches Gleichgewicht des Pferdes unter dem Reitergewicht.**
- **4. Psychisches Gleichgewicht des Pferdes (Vertrauen und Ruhe).**

Gutes Gleichgewicht des Reiters:

- vermeidet unbewusste/ungewollte Störungen des Pferdes,
- gibt dem Pferd ein angenehmes Gefühl unter dem Reiter,
- ermöglicht eine präzise Hilfengebung und damit erst eine richtige Gymnastizierung des Pferdes.

Gutes Gleichgewicht des Pferdes:

- ermöglicht dem Pferd, den Reiter ohne Schaden für seine eigene Gesundheit zu tragen,
- verbessert die Tragkraft der Hinterhand,
- macht das Pferd für den Reiter kontrollierbar und bequem,
- ermöglicht eine Minimierung der Hilfen.

sein Reiter es nicht aus der Balance bringt. Nur dann reagiert es auf eine Gewichtshilfe und versucht nicht, sich dagegen zu wehren (siehe auch gezielte Gewichtsverlagerung).

b. Erreichen eines physischen Gleichgewichtes unter dem Reiter

Dazu gehört vor allem die Gymnastizierung des Pferdes, um seiner natürlichen Schiefe entgegenzuwirken und es gerade zu richten (siehe Kapitel 4). Weiterhin der Aufbau der »Tragkraft«, um das Zusatzgewicht des Reiters auf Dauer schadensfrei tragen zu können. Und die Verbesserung von Kondition, Koordination und Sensibilität damit eine schnellere und leichtere Reaktion auf alle Signale des Reiters überhaupt möglich wird.

Auch im Gelände kann man mit dem Pferd arbeiten, um Gleichgewicht und Tragkraft zu verbessern – z.B. im Schulterherein.

5. Schwerpunkt und Gleichgewicht

Die gezielte Störung des Gleichgewichts als Basis-Kommunikationsmittel

Damit eine Gewichtsverlagerung zur bewussten »Störung« des Pferde-Gleichgewichts möglich wird, müssen im »Normalfall« in jeder Gangart die Schwerpunkte von Reiter und Pferd senkrecht übereinander liegen. Die natürlichen Schiefen von Reiter und Pferd sind hier Hindernisse, welche zuerst aus dem Weg geräumt werden müssen.

Gymnastik für Reiter und Pferd ist deswegen angesagt. Die Reitergymnastik haben wir beim Sitz schon behandelt. Zweck und Art der Gymnastik fürs Pferd werden in Kapitel 4 ausführlich beschrieben. In diesem Abschnitt soll es nur um die Grundlagen der »Schwerpunkt-Theorie« gehen.

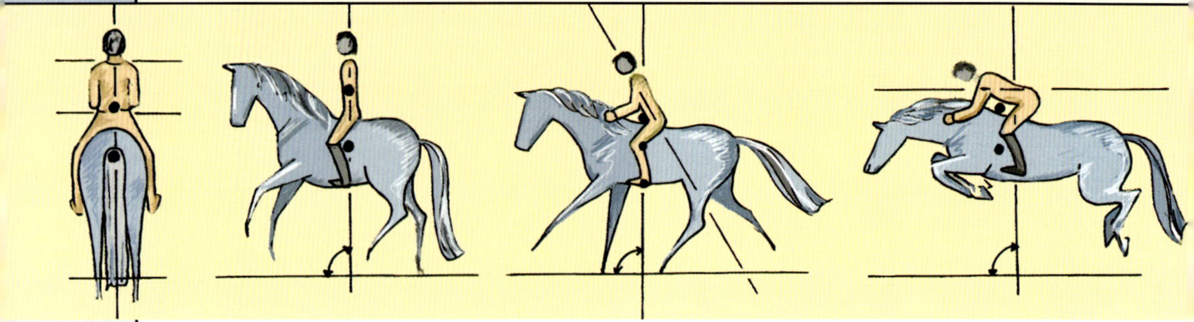

Zentraler Punkt ist: Das Pferd wird immer versuchen, seinen Schwerpunkt unter den des Reiters zu bringen, weil es damit am besten seine eigene Balance erhält.

Die Schwerpunkte von Reiter und Pferd im Halten, im versammelten Galopp, im schnellen Galopp und über dem Sprung. Der Oberkörper bleibt immer in sich gerade und wird nur aus der Hüfte anders gewinkelt.

Das (bewegte und unbewegte) System Reiter+Pferd ist immer dann im Gleichgewicht, wenn beide Schwerpunkte senkrecht übereinander liegen.

Will der Reiter seinem Pferd ein Signal geben, dann verlegt er seinen Schwerpunkt nach vorn, hinten, rechts oder links und fordert damit das Pferd auf »natürliche Weise« auf, seinen Schwerpunkt neu auszurichten, sich der Gewichtsverlagerung des Reiters anzupassen.

Er verändert dabei den Druck über seine Gesäßknochen auf den Pferderücken

- seitlich durch verstärktes Austreten eines Bügels,
- in Bewegungsrichtung durch eine Veränderung der Beckenstellung (siehe auch Abkippen des Beckenkamms).

Es gibt jedoch einige Grundbedingungen, die für eine richtige (will heißen erwünschte) Reaktion des Pferdes auf die Gewichtshilfen erfüllt sein müssen.

a. Bevor eine Gewichts-/Schwerpunktverlagerung erfolgen kann, müssen sich Reiter+Pferd im gemeinsamen Gleichgewicht befinden,
d.h. die Schwerpunkte müssen übereinander liegen. Ist das nicht der Fall, so stört der Reiter das Pferd schon vorher – das Pferd kämpft sowieso um seine Balance (und meist auch gegen den Reiter) und wird, wenn überhaupt, nur schlecht

Schnelle Schwerpunktanpassung des Reiters durch die unterschiedliche Winkelung des Oberkörpers aus der Hüfte heraus in den verschiedenen Phasen eines Sprunges.

Gewichtshilfen

- **Bevor eine Gewichtshilfe erfolgen kann, müssen sich Reiter+Pferd im gemeinsamen Gleichgewicht befinden.**
- **Gewichtshilfen müssen kurz sein und rechtzeitig zurückgenommen werden.**
- **Eine Gewichtshilfe wirkt nicht isoliert, sondern im Kontext mit anderen Hilfen.**

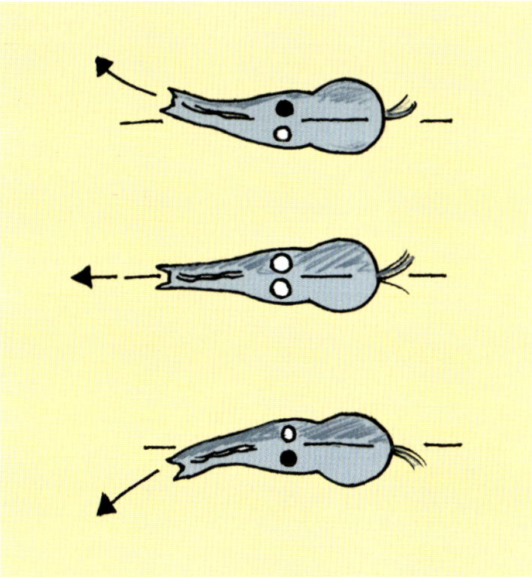

Abwenden durch einseitige Belastung

und recht auf eine weitere/zusätzliche Störung reagieren.

b. Gewichtshilfen müssen kurz sein.

Der Reiter muss eine Gewichtsverlagerung sofort »zurücknehmen«, wenn das Pferd in gewünschter Weise reagiert hat. Andernfalls hat das Pferd keinen Vorteil davon, »richtig« zu reagieren, denn sein durch den Reiter bewusst verursachtes Balanceproblem kann es auch mit der erwünschten Reaktion nicht lösen. Es »lernt« in einem solchen Fall nur, sich gegen die Gewichtshilfen zu stemmen und entwickelt unnötige Steifheiten und Widersetzlichkeiten.

c. Eine Gewichtshilfe wirkt im Kontext mit anderen Hilfen.

Eine Gewichtshilfe ist zwar die Basis für alle anderen Hilfen. Sie wirkt jedoch nur in seltenen Fällen ganz allein. Fast immer muss sie durch Stimm-, Schenkel- und Zügelhilfen ergänzt werden – bei einem jungen oder steifen Pferd deutlicher und stärker, bei einem geschmeidigen und weit ausgebildeten Pferd nur noch andeutungsweise (= Hilfenkürzel).

Aktive und passive ergänzende Signale

Mit ergänzenden Signalen können Sie eine Reaktion des Pferdes beschleunigen (bzw. auslösen) oder auch verhindern. Diese ergänzenden Hilfen stellen also sowohl eine Verstärkung bzw. Verdeutlichung der Gewichtshilfen (aktive Hilfen) als auch einen Gegenpart dar, der eine andere als die gewünschte Bewegung des Pferdes verhindert (passive, verwahrende oder gegenhaltende Hilfen).

Einfaches Abwenden durch Gewichtsverlagerung und Herausführen der inneren Hand.

1. Ein Beispiel für eine aktiv ergänzende Verstärkung:

Verlagern Sie Ihr Gewicht nach rechts (Basishilfe) und signalisieren dem Pferd damit »rechts abwenden«. Verdeutlichen Sie dieses »Rechts« durch ein Zupfen am rechten Zügel mit weit herausgeführter rechter Hand. »Zeigen« Sie dem Pferd damit den Weg in die Wendung.

2. Ein Beispiel für eine passive, verhaltende Ergänzung:

Sie wollen das Pferd mit einer seitlichen Gewichtsverlagerung nach rechts abwenden. Es wendet zwar nach rechts ab, kippt aber ohne Biegung über die rechte Schulter nach innen. Drücken Sie nun den rechten Schenkel am Gurt ans Pferd und signalisieren mit dieser gegenhaltenden Hilfe: »Lass' die Schulter locker und bieg' dich in den Rippen«.

3. Zusammenwirken von aktiven und passiven Hilfen:

Bei der in Punkt 2 genannten, korrigierenden Schenkel-Hilfe wird das (unausgebildete) Pferd dazu neigen, dem Schenkel auszuweichen und wieder nach links zu driften. Der Reiter wird deswegen ohne die aktive Verstärkung der Abwendehilfe (aus dem ersten Beispiel) durch den rechts angenommenen Zügel nicht auskommen, um das Pferd in der Rechtswendung zu halten.
Unter Umständen driftet das Pferd aber auch mit dem rechts angenommenen Zügel noch nach links und »drängt über die linke Schulter aus der Wendung heraus«. Dann kommen zwei zusätzliche verhaltende Hilfen zum Einsatz: der verhaltende äußere – linke – Zügel. Und der verwahrende äußere – linke – Schenkel.

Aktive und passive Hilfen

- **Für die Ausbildung des Pferdes müssen fast immer aktive und passive Hilfen zusammenwirken.**
- **Die aktive Hilfe fordert eine Reaktion vom Pferd.**
- **Die passive Hilfe verhindert, dass das Pferd sich vor der gewünschten Aktion drückt (Ausweichmanöver vornimmt).**

Rückwärtsrichten

- fördert als Ausweichübung die ranghohe Position des Ausbilders,
- fördert als Trailübung Vertrauen und Koordination,
- gymnastiziert als dressurmäßige Übung das Pferd und fördert die Hankenbeugung,
- kann geradeaus, gebogen und »um die Ecke« (im Trail) ausgeführt werden.

6. Korrektes Rückwärtsrichten und seine Bedeutung

Korrektes Rückwärtsrichten gilt als Gradmesser für Gehorsam, Vertrauen und Durchlässigkeit des Pferdes.

Deswegen kommt ihm schon in der Grundausbildung sowohl am Boden als auch unter dem Reiter besondere Bedeutung bei.

Grundsätzlich stellt ein Ausweichen rückwärts eine Demutsgebärde des Pferdes einem Ranghöheren gegenüber dar. Deswegen sollte man – besonders bei der Bodenarbeit – aufsässige oder dominante Pferde (speziell Hengste) nicht auf Biegen und Brechen rückwärts zwingen sondern ein angriffslustiges Pferd eher mit einem Ausweichmanöver ablenken, bei dem weder Mensch noch Pferd »ihr Gesicht verlieren«.

Bei den rückwärts orientierten Koordinationsübungen der Boden- und Trailarbeit zeigt es sich, ob das Pferd dem Menschen »blind« vertraut. Direkt hinter sich sieht es nichts und muss sich auf die Führung durch den Menschen verlassen. Besonders in Trailhindernissen, wie z.B. dem rückwärts durchrittenen L kommt es darauf an, dass das Pferd den Hilfen des Reiters (oder Ausbilders am Boden) zentimetergenau folgt und nicht eigenmächtig handelt, denn sonst gibt es Stangensalat.

Beim gymnastizierenden Rückwärtsrichten in der Dressur zu guter Letzt zeigt das Pferd mit einem widerstandsfreien, taktreinen Rückwärtstreten, dass es in Genick, Schulter und Rücken losgelassen ist, seine Hinterbeine untersetzen kann und den Hilfen des Reiters vertraut – kurz: dass es richtig ausbalanciert und durchlässig ist.

Verschiedene Arten des Rückwärtsrichtens

Das Rückwärtsrichten bei der Boden- und Trailarbeit unterscheidet sich dabei sowohl hinsichtlich des Zweckes als auch hinsichtlich des gymnastizierenden Wertes der Übung von dem dressurmäßigen Rückwärtsrichten.

1. Das einfache Ausweichen rückwärts bei der Bodenarbeit soll die ranghohe Position des Menschen dem Pferd gegenüber klarstellen.

2. Trailübungen rückwärts an der Hand und unter dem Reiter sollen das Vertrauen des Pferdes in die Führungseigenschaften des Menschen festigen und seine Koordination verbessern. Das Pferd geht bei diesen Übungen in relativ entspannter Haltung – es wird nicht zusammengestellt. Die Aufmerksamkeit des Pferdes auf minimale Signale des Menschen und die Feinabstimmung von Schenkel-, Zügel- und Gewichtshilfen sollen damit erreicht werden.

3. Das dressurmäßge Rückwärtsrichten dagegen soll das Pferd zum Untertreten und zur Hankenbeugung animieren. Dafür muss es »in Haltung«,

Einfaches Ausweichen rückwärts festigt die Führungsposition des Menschen.

d.h. am Zügel gehen. Das Pferd muss ohne Widerstand in Schulter und Genick die Hilfen des Reiters zum »Rückwärts« – aber auch daraus wieder zum »Vorwärts« annehmen.

Besonders gute Übungen sind dafür das wiederholte Antreten aus dem Rückwärtsrichten im Trab, im Verlauf der fortschreitenden Ausbildung auch das Angaloppieren aus dem Rückwärtsrichten. Geht das Pferd sicher geradeaus rückwärts, kann auch gebogen rückwärt gerrichtet werden, was besonders das Untersetzen des inneren Hinterbeines stark fordert.

Sinnvollerweise baut man die Rückwärtsübungen auch in der oben angeführten Reihenfolge von 1–3 auf. Ist die Rangfolge klar, wird das Pferd auch in den Koordinationsübungen dem Menschen die nötige Aufmerksamkeit schenken. Ist die Aufmerksamkeit, die Sensibilität auf minimale Hilfen und der Gehorsam des Pferdes vorhanden, gelingen auch die anstrengenderen Übungen des dressurmäßigen Rückwärtsrichtens leichter und ohne unnötige Auseinandersetzungen.

Verschiedene Hilfenkombinationen

Die Hilfenkombinationen für das Rückwärtsrichten differieren in verschiedenen Reitsystemen/-stilen. Man kann aber prinzipiell jede Variante in jedem Reitstil verwenden, solange sie nicht mit Hilfenkombinationen für andere Übungen im für sich selbst gewählten Stil kollidiert.

Eine häufig verwendete Kombination ist folgende: Der Reiter treibt das am Zügel stehende Pferd im Halten mit Schenkeldruck an die stehende Hand heran. Wollte er nach vorn anreiten, so würde er nun am Zügel leicht nachgeben. Lässt er die Vorwärtsbewegung jedoch nicht zu, so tritt das Pferd mit den Hinterbeinen vor, also unter (sich). Ein weiterer Schenkeldruck sagt dem Pferd »Beweg' dich«. Es kann aber nicht nach vorn, weil dort die Hand nicht nachgibt. Also bewegt es sich rückwärts. Dann muss der

Reiter sofort kurz am Zügel nachgeben, um dem Pferd zu signalisieren: »Das war die richtige Bewegungsrichtung«.

Danach wiederholt er diese Hilfen so oft, wie er weitere Tritte rückwärts will. Will er mehr Tempo (wie beim gelaufenen Rückwärtsrichten in einer Reining beispielsweise), so gibt er die Schenkelhilfen in schnellerer Folge.

Die Rückwärtsbewegung kann sowohl mit Belastung (Becken kippen, »Kreuz anziehen«, Gewicht nach hinten verlagern) als auch mit Entlastung des Pferderückens (Oberkörper leicht nach vorn, Sitz vermehrt auf dem Oberschenkel) eingeleitet werden. Hier gilt: Ausprobieren, welche Version das eigene Pferd am besten annimmt. Ein rückenempfindliches Pferd wird in der Lernphase oft mit der Entlastung des Rückens zufriedener sein.

Auch beim Rückwärtsrichten darf der Reiter seine Hand nicht rückwärts ziehend einsetzen – auch wenn man leider genau das oft sieht. Er kann jedoch durchaus die Hand anheben, was bei späterer Minimierung der Signale als Hilfe für das Rückwärtsrichten schon ausreichen kann.

Pferde, die in der Bodenarbeit die Rückwärtsbewegung auf Stimmsignale gelernt haben, treten oft auch unter dem Sattel auf Stimmhilfe sofort rückwärts. Dann kann man sehr einfach zusätzlich die Schenkel- und Zügelsignale etablieren, die man später verwenden möchte.

Wichtig ist nicht so sehr die Hilfenkombination für das Rückwärtstreten, sondern dass man mit der gewählten Kombination das optimale Ergebnis erreicht – nämlich eine taktreine (2-Takt) und spannungsfreie Bewegung mit freier Schulter, geschlossener Haltung und untergesetzter Hinterhand des Pferdes.

Schleifen der Hufe über den Boden, hohe Kruppe und Einrollen des Pferdes, Hochdrücken des Unterhalses oder Kopfschlagen sind deutliche Indikatoren dafür, dass das Pferd nicht spannungsfrei ist und irgendwo klemmt (siehe auch Spannungsbogen).

Mit den bewussten Gewichtshilfen als Basis und dem korrigierenden, zeitlich versetzten Zusammenwirken der ergänzenden Hilfen sowie einem taktreinen und widerstandsfreien Rückwärtsrichten ist die Grundlage für die Ausbildung und Gymnastizierung des Pferdes sowie zur wirkungsvollen Korrektur geschaffen, die in den folgenden Kapiteln 4 und 5 ausführlich behandelt werden.

Rückwärts an der Doppellonge – eine gymnastizierende Übung.

Komplexe Hilfensysteme und warum sie nötig sind

- Funktionsgymnastik des Pferdes
- Die klassische Ausbildungsskala
- Grundsätze von komplexen Hilfensystemen
- Sensibilisierung auf die Hilfen durch die »Intervalltechnik«
- Die Wirkung des Zügels

- Ziele der Ausbildung und wie man sie mit den richtigen Hilfenkombinationen erreicht
- Ziel 1: Takt
- Ziel 2a: Losgelassenheit
- Ziel 2b: Verbesserung der Koordination für Reiter und Pferd
- Ziel 2c: Erziehung und Angstbewältigung
- Ziel 2d: Geraderichten durch Biegeübungen
- Seitengänge als Sonderform der Biegung
- Das Schulterherein
- Das Travers oder Kruppeherein
- Die Traversale
- Ziel 3: Durchlässigkeit und Anlehnung erreichen und verbessern
- Ziel 4: Entwicklung von Tragkraft und Schwung
- Exkurs: Schubkraft und Tragkraft
- Ziel 5: Eine Parade geben
- Ziel 6: Versammlung

Komplexe Hilfensysteme – und warum sie nötig sind

Einfache Hilfen dienen der Verständigungs-Basis. Das Pferd befolgt sie dann ohne Widerstand, wenn es ihm körperlich nicht schwer fällt, sie zu befolgen und wenn sie deutlich und unmissverständlich gegeben werden.

In höherem Tempo und in engeren Wendungen fällt dem unausgebildeten und ungymnastizierten Pferd die Reaktion auf viele Signale des Reiters jedoch deutlich schwerer. Das Gewicht des Reiters wird zur Last, wenn es nicht gelernt hat, es »richtig« zu tragen. Rückenprobleme treten auf, wenn die »Tragkraft« des Pferdes nicht gezielt entwickelt wurde.

»Zentrifugalkräfte« in schnelleren Wendungen und »Massenträgheit« bei Paraden aus höherem Tempo treten auf und müssen durch Training des Pferdes überwunden werden. Richtiges Training bedeutet:

1. Das Pferd muss lernen, sein Gleichgewicht unter dem Reiter durch vermehrtes Untertreten der Hinterbeine und durch stärkere Rippenbiegung in engeren Wendungen und in schnellerer Gangart zu erhalten.

links: Das Pferd aufrichten (in der Passage).

rechts: Die aktive Hinterhand mit starkem Bewegungsimpuls und extremer Winkelung. Für ausdrucksvolle Verstärkungen ist eine solche aktive Hinterhand notwendig.

2. Es muss Gewicht von den schwächeren Vorderbeinen auf die stärkeren Hinterbeine verlagern und darf seinen Rücken unter dem Reitergewicht nicht nach unten »durchhängen« lassen.

Diese beiden Punkte können einen verantwortungsbewussten Reiter sein halbes Leben lang beschäftigen.
Bei allen Ausbildungsrichtlinien für das Pferd geht es immer darum, das Pferd vor Schaden durch das Reitergewicht zu bewahren. Prinzipiell ist das Pferd nämlich als Reittier ungeeignet. Der untrainierte Rücken biegt sich unter dem Gewicht des Reiters nach unten durch. Schäden an der Wirbelsäule (z.B. Kissing Spine) sind an der Tagesordnung. Auch die Beine des Pferdes sind empfindlich gegen Überlastungsschäden. Und neben den bewegungsspezifischen Unzulänglichkeiten kommen noch andere hinzu, die nur bedingt mit dem körperlichen Training zu tun haben. Verdauungs- und Atemwegsprobleme durch nicht artgemäße Fütterung und schlechte Luft. Psychische Probleme und Verhaltensstörungen durch Isolation und Bewegungsmangel. Die Liste der »Zivilisationskrankheiten« beim modernen »Sport- und Freizeitpferd« ist lang.

In diesem Kapitel soll es jedoch nur um die körperlichen Unzulänglichkeiten des Pferdes als Reitpferd und deren Beseitigung gehen. Funktions-Gymnastik fürs Pferd heißt die Devise.

Funktionsgymnastik des Pferdes

Diese Funktionsgymnastik unter dem Reiter soll folgendes bezwecken:

1. Der Rücken des Pferdes muss gestärkt werden.
Dazu müssen die Lenden- und Bauchmuskeln des Pferdes arbeiten. Wenn sie sich zusammenziehen, treten die Hinterbeine des Pferdes vermehrt unter. Senkt das Pferd zusätzlich den Hals und gibt im Genick nach, wird das Nackenrückenband gespannt. Diese Spannung des Nacken-

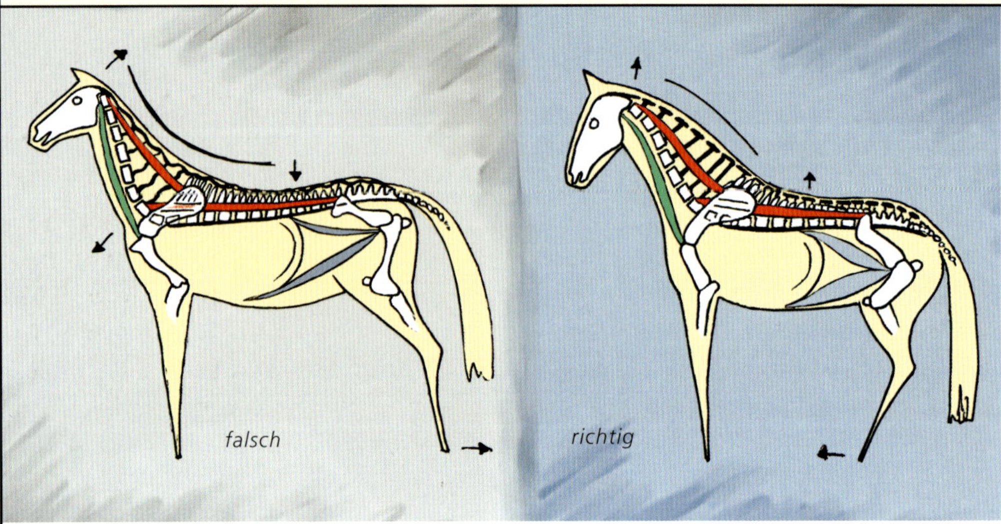

links falsch: Der Rücken hängt durch und trägt nicht.
rechts richtig: Das Pferd tritt unter und hebt den Rücken an.

rückenbandes verhindert das Durchhängen des Rückens und ermöglicht die so genannte Dehnungshaltung des Pferdes, die zur Kontrolle richtiger Arbeit und zur Belohnung (Entspannung) des Pferdes auch im fortschreitenden Verlauf der Ausbildung bis zur Versammlung wichtig bleibt (siehe auch Zeichnung Rückenaufbau in Kapitel 2, Seite 43).

2. Die Hinterhand des Pferdes muss aktiviert werden und so weit untertreten, dass sie im Verlauf der Ausbildung die Vorhand entlasten kann.

Die Vorhand hat nur Stützfunktion und kann durch die weitgehend senkrecht übereinander liegenden Gelenke Bewegungsenergie kaum abfedern. Deswegen ist sie sehr anfällig gegen Überlastungsschäden. Die Hinterhand dagegen kann über die Hanken (die Gelenkgruppe aus Sprunggelenk, Knie und Hüftgelenk, die im Winkel zueinander stehen) eine Bewegung abfedern, indem sie die Winkel verändert.

Zwar kommt zu Beginn der gymnastizierenden Arbeit in der vorwärts-abwärts orientierten Dehnungshaltung erst einmal vermehrt Gewicht auf die Vorhand. Doch hier hat die Stärkung des Rückens den Vorrang – und die ist nur über die richtige Dehnungshaltung zu erreichen. Im Verlauf der weiteren Ausbildung sollen sich jedoch Widerrist und Hals des Pferdes bei gespanntem Nackenrückenband heben und die Hinterhand durch vermehrte Hankenbeugung (stärkere Winkelung in den Hanken) senken. Dadurch steigt die gesamte Rückenlinie des Pferdes nach vorn an. Das Pferd »setzt sich« auf die Hinterhand (Versammlung).

Eine aktive Hinterhand ist der »Motor« jeder Bewegung des Reiter-Pferd-Systems. Fehlt die Energie aus diesem Motor oder wird sie irgendwo im System blockiert, kann das Pferd weder richtig »gelenkt« noch versammelt werden.

»Vorwärtsreiten« ist deswegen die Grundlage jeder gymnastizierenden und aufbauenden Arbeit.

Gymnastik fürs Pferd

Funktionsgymnastik fürs Pferd soll folgendes bewirken:

- **Stärkung des Rückens,**
- **Aktivierung der Hinterhand,**
- **Entlastung der Vorhand,**
- **Erhaltung und Verbesserung des Vorwärtsdrangs,**
- **Verbesserung der Beweglichkeit und Geschmeidigkeit,**
- **Muskel- und Konditionsaufbau,**
- **Entwicklung der Tragkraft,**
- **Aufbau der notwendigen Körperspannung (Spannungsbogen),**
- **Sensibilisierung auf die Reitersignale.**

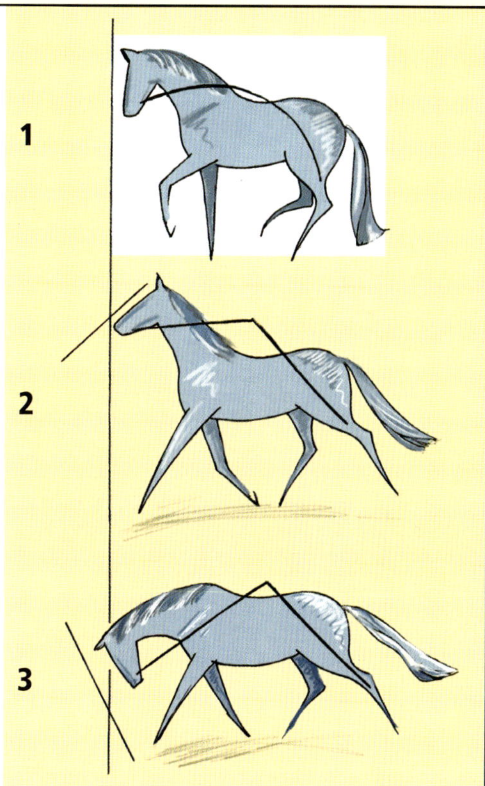

rechts: 1. Der richtige, ungebrochene Spannungsbogen. 2. und 3. Brüche im Spannungsbogen, der Rücken fällt durch.

Der Spannungsbogen

2.a. Besondere Bedeutung kommt während dieser Arbeit dem so genannten »Spannungsbogen« zu, der sich über die gleichmäßige Spannung im Nackenrückenband ergibt. Der richtige Spannungsbogen verläuft vom Genick des Pferdes (vom 1. Halswirbel) über Widerrist und Rücken bis zu den Schweifwirbeln. Ist er ungleichmäßig oder unterbrochen, so verpufft die Energie aus der Hinterhand des Pferdes an der Bruchstelle.

Sollbruchstellen

Beliebte »Sollbruchstellen« durch fehlerhafte Ausbildung sind folgende:

a. Der »falsche Knick«: das Pferd geht nicht »durchs Genick«, sondern knickt die Halswirbelsäule im Bereich des 2. oder 3. Halswirbels ab. Das wird landläufig mit dem Begriff »hinter dem Zügel« beschrieben. Die Nasenlinie ist dabei hinter der Senkrechten. Das Pferd »überrollt sich«, klemmt in der Vorwärtsbewegung und lässt die Hinterhand hängen.

b. Das Pferd legt sich »auf den Zügel«. Der Bruch befindet sich im Widerristbereich mit ähnlichem Ergebnis wie bei a.

c. Das Pferd geht »über dem Zügel« und unterbricht dabei den Bogen im Widerristbereich durch einen Wölbung nach der anderen Seite. Dabei entspannt sich das Nackenrückenband komplett und der Rücken des Pferdes fällt nach unten durch. Passiert das, so ist die Hinterhand nicht mehr in der Lage, nach vorne unter den Schwerpunkt zu treten, weil der durchhängende Rücken sie blockiert.

d. Das Pferd »hält den Rücken fest« und stoppt an dieser Stelle die Energie aus der vortretenden

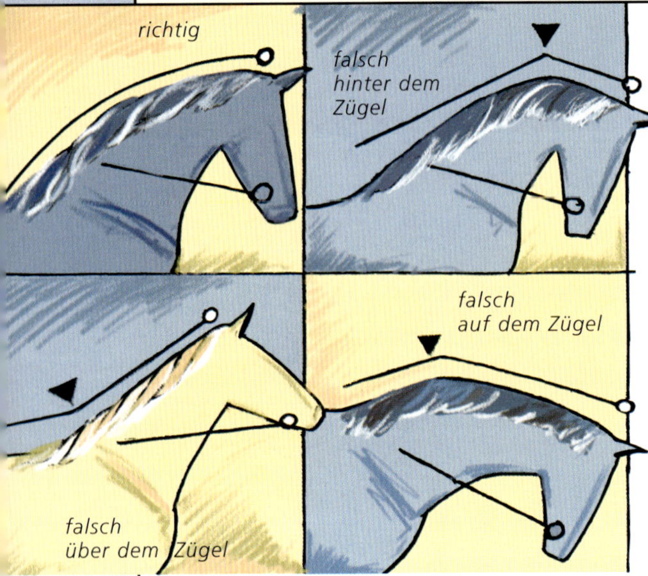

Beliebte Sollbruchstellen im Spannungsbogen: Das Pferd geht hinter oder über dem Zügel odes es legt sich auf den Zügel.

Hinterhand. Der Spannungsbogen wird auch dann unterbrochen, wenn an einer Stelle zuviel Spannung entsteht. Ein »Zuviel« an einer Stelle verursacht immer ein »Zuwenig« an einer anderen Stelle.

e. Das Pferd lässt die Hinterbeine hängen; es weigert sich, unterzutreten (die Bauchmuskeln anzuspannen). Auch damit entspannt sich das Nackenrückenband und der Rücken hängt unter dem Reitergewicht nach unten durch.

Training

3. Beweglichkeit, Biegsamkeit, Gleichgewicht, Kondition und Kraft des Pferdes unter dem Reiter müssen verbessert werden.

Die aufgezählten Anforderungen erfordern eine Funktions-Gymnastik für das Pferd, die weitgehend über eine wechselseitige Längsbiegung (Biegung in den Rippen) abläuft. In der Längsbiegung gibt es einen »seitlichen Spannungsbogen«, der wiederum gleichmäßig und ungebrochen sein muss. Er wird der mehr oder weniger stark ausgeprägten Krümmung einer Kreislinie (Zirkel, Volte, Schlangenlinie etc.) angepasst – das Pferd wird auf gebogenen Linien geritten. Dabei muss es vom Genick bis zum Schweif gleichmäßig gebogen sein. Eine Unterbrechung der Spannung erlaubt dem Pferd diverse »Ausweichmanöver«, um sich vor der Arbeit zu drücken, wie z.B. das Herausdrängen aus dem Zirkel (siehe Kapitel 5).

Das Pferd macht nämlich seine Biege-Übungen, seine »Funktions-Gymnastik« nicht so ganz freiwillig. Wie jedes Lebewesen ist es grundsätzlich faul und möchte sich möglichst wenig anstrengen (und ohne den Reiter hätte es ja auch grundsätzlich keine Probleme und keine Veranlassung, zu trainieren). Der Reiter muss jedoch über die Gymnastizierung des Pferdes »Schadensbegrenzung« betreiben, denn nur ein richtig trainiertes und gymnastiziertes Pferd kann das Reitergewicht auf Dauer schadensfrei tragen. Und für die richtige Gymnastizierung sind komplexere Hilfensysteme notwendig, die das Pferd nicht nur veranlassen etwas zu tun, sondern auch (oft gleichzeitig) verhindern müssen, dass das Pferd Ausweichmanöver vornimmt.

Begriffe mit ähnlicher Bedeutung

- **Ungebrochener Spannungsbogen.**
- **Das Pferd geht rund, wird rund geritten.**
- **Die Energie aus der Hinterhand kommt nach vorne durch.**
- **Das Pferd ist durchlässig.**
- **Das Pferd lässt die Hilfen durch, nimmt die Hilfen an.**

Die Kunst bei jeder Art von Reiten – vom Wanderreiten über das Gebrauchsreiten bis hin zu sportlichen Höchstleistungen – ist nun, das Pferd so zu trainieren, dass es erstens freiwillig mitarbeitet und »bequem« für den Reiter wird (denn sonst macht das Reiten keinen Spaß) und zweitens lange gesund und leistungsfähig bleibt (andernfalls fällt der Pferdesport unter die Kategorie Tierquälerei). Nur über sinnvoll aufgebaute Hilfenkombinationen, die den unterschiedlichen körperlichen Problemen und der »Lerngeschwindigkeit« verschiedener Pferde Rechnung tragen, ist es möglich, dieser Aufgabe gerecht zu werden. Psychologisches Fingerspitzengefühl und Einfühlungsvermögen erleichtern die Arbeit.

Die klassische Ausbildungsskala

Die sechsstufige »klassische Ausbildungsskala« in der Reihenfolge Takt – Losgelassenheit – Anlehnung – Schwung – Geraderichten – Versammlung beschreibt prinzipiell den richtigen Weg in der Pferdeausbildung.
Die Ausbildungsstufen der Skala haben nach wie vor ihre Berechtigung. Sie gelten für jede Reitweise. Jedoch plädiere ich für eine leichte Verschiebung der überlieferten Reihenfolge.

1. Takt + Losgelassenheit + Geraderichten greifen ineinander und bedingen sich gegenseitig. Eine genaue Reihenfolge kann nicht festgelegt werden. Alle drei basieren auf einer gymnastizierenden Arbeit, in deren Verlauf das Pferd

Starke Längsbiegung in der Traversale.

Der spanische Schritt – ein in erwünschte Bahnen gelenktes Imponiergehabe. Gleichzeitig eine gute Übung für die Gymnastizierung des Pferdes im Schulterbereich.

Kondition, Kraft und die richtigen Muskeln zum Tragen des Reitergewichtes aufbaut und geradeaus gehen lernt. Das »Geraderichten« ist nämlich nur möglich, wenn das Pferd auf beiden Seiten gleich gut gebogen werden kann. Im Klartext: Wenn das rechte Hinterbein in der Rechtsbiegung und das linke Hinterbein in der Linksbiegung gleich viel Gewicht aufnehmen (wenn Links- und Rechtswendung gleich gut funktionieren), dann tragen beide Hinterbeine auch beim gerade gestellten Pferd gleichviel Gewicht, weil sich keines von beiden »vor der Arbeit drücken« will.

2. Durchlässigkeit und Anlehung

Durch die Arbeit an den Punkten unter 1 wird automatisch eine Verbesserung der Durchlässigkeit und eine bessere Anlehnung des Pferdes erreicht. Beides sind Abfallprodukte der richtigen Grundgymnastizierung über die Biegearbeit. Durchlässigkeit und Anlehnung bedingen eine gute Tempo- und Richtungskontrolle und eine sensible Reaktion des Pferdes auf die Hilfen.

3. Versammlung

Erst, wenn die Punkte 1 und 2 abgehandelt sind, kann mit der Versammlung begonnen werden. Andernfalls wird die Versammlung immer nur eine Karikatur ihrer selbst bleiben, weil die erforderliche Kraft und Geschmeidigkeit sowie die nötige Sensibilität des Pferdes für eine »elegante« Versammlung fehlen.

In den folgenden Abschnitten soll es um Grundsätze der komplexeren Hilfengebung und die oben definierten Ziele der Ausbildung gehen. Die Hilfenkombinationen, die zum Erreichen der Ziele

Die Ausbildungsskala

Takt
Losgelassenheit
Geraderichten

Anlehnung
Durchlässigkeit

Versammlung

notwendig sind, werden anschließend ausführlich beschrieben.

Grundsätze von komplexen Hilfensystemen

Für komplexere Hilfensysteme gelten einige Grundregeln, die eine deutliche Verständigung gewährleisten.

1. Komplexe Hilfen bestehen aus mehreren »einfachen Einzelhilfen«, deren Bedeutung das Pferd gelernt haben muss, soweit es sie nicht auf natürliche Weise verstehen kann wie die Gewichtshilfen. Es gibt also angelernte und natürliche Hilfen.
2. Die Reihenfolge der einzelnen Hilfen in einer zusammengesetzten/komplexen Hilfe ist wichtig und darf nicht verändert werden.
3. Eine (Teil-)Hilfe darf nicht eine andere neutralisieren oder blockieren.
4. Hilfen müssen aussetzen, wenn sie ihre Funktion erfüllt haben.
5. Pferd und Reiter müssen während der Arbeit aufmerksam und konzentriert sein. Nur dann kann der Reiter eine Hilfe präzise geben und das Pferd sofort reagieren.

Die natürlichen Hilfen

(wie schon in Kapitel drei behandelt):

1. Einfache Gewichtsverlagerung
2. Einfache Stimmhilfen (Wirkung über die Tonlage)
3. Einfache, seitwärts wirkende Zügelsignale – der Zügel als stellendes Instrument

Die angelernten Hilfen

1. Schenkeldruck an verschiedenen Punkten zum Vorwärts- und Seitwärtstreiben
2. Stimmhilfen mit verbalen Kommandos
3. Der Zügel als verhaltendes, begrenzendes Instrument (siehe auch Paraden)
4. Alle Hilfenkombinationen aus aktiven und passiven Hilfen (die auf der einen Seite etwas aktiv bewirken und auf der anderen Seite ein Ausweichmanöver des Pferdes verhindern sollen).

Schenkeldruck

Die einzige Hilfe, die das junge Pferd auch in ihrer einfachsten Form normalerweise nicht sofort versteht, ist der Schenkeldruck. Und gerade der wird in komplexeren Hilfensystemen zur »Kontrollhilfe« schlechthin. Mit dem Schenkeldruck treiben wir das Pferd vorwärts oder seit-

Spanischer Schritt an der Doppellonge.

Der äußere Schenkel liegt verwahrend etwas weiter hinten als der innere (Traversale). Durch diese Lage wird zudem der diagonale Sitz (innerer Gesäßknochen etwas weiter vorn) für Traversalen und zum Angaloppieren erleichtert.

wärts (aktive Hilfe). Und wir verhindern eine unerwünschte Ausweichbewegung (verwahrende, passive Hilfe).

Es ist jedoch nicht schwer, dem Pferd die Bedeutung des Schenkeldrucks zu vermitteln. Wir nehmen dazu die einfache, seitlich wirkende Zügelhilfe als Grundlage und veranlassen das Pferd zu einer Vorhandwendung. Angenommen, Sie möchten, dass das Pferd mit den Hinterbeinen nach links zur Seite tritt – es soll dem rechten Schenkeldruck »ausweichen«.

Nehmen Sie beim stehenden Pferd den rechten Zügel an und stellen Sie das Pferd mit weit herausgeführter Hand immer weiter nach rechts. Irgendwann wird ihm die Stellung zuviel und es weicht mit der Hinterhand nach links aus. Drücken Sie bei dieser Ausweichreaktion den rechten Schenkel kurz ans Pferd. Nach einiger Zeit weicht das Pferd sowohl durch die extreme Zügelhilfe als auch durch Schenkeldruck in die gewünschte Richtung aus. Etablieren Sie den Schenkeldruck auf beiden Seiten, bis das Pferd beidseitig gleich gut ausweicht. Drücken Sie schließlich beide Schenkel gleichzeitig an, ohne das Pferd mit dem Zügel zu stellen, so geht es auf den Druck vorwärts – es will mit der Hinterhand dem rechten Schenkel nach links und dem linken Schenkel nach rechts weichen, kann also nicht so recht seitwärts. Es macht stattdessen eine (vom Reiter beabsichtigte) Ausweichbewegung nach vorn und tritt das erste Mal auf beidseitigen Schenkeldruck an. Loben Sie es dafür und stören es in dieser frühen Phase auf keinen Fall mit einem angenommenen Zügel.

Differenzierungen

Verändern Sie nun die Lage des Schenkels für verschiedene Lektionen, so haben Sie bald ein System von verschiedenen »Druckpunkten« etabliert. Treiben Sie vorwärts mit nahe am Gurt liegendem Schenkel, seitwärts mit minimal weiter hinten liegendem Schenkel. Verhindern Sie ein unerwünschtes Ausweichen der Hinterhand (z.B.

in der Biegung) mit noch etwas weiter hinten liegendem Schenkel.

Verstärkungen des Schenkeldrucks

Sie können zusätzlich auch die Stimme einsetzen, um das Pferd zum Vorwärtsgehen aufzufordern. Prinzipiell ist es immer sinnvoll, eine zweite Hilfe zur »Verstärkung« zu haben, besonders, wenn es sich um einen solch wichtigen Punkt der Pferdeausbildung wie das Vorwärtsgehen handelt.

Richtige und falsche Verstärkungen

Auch die Gerte kann als Verstärkung eingesetzt werden. Doch sollte Sie nach Schenkeldruck und Stimme immer das letzte Instrument bleiben. Sie ist nur dazu da, einem Pferd, welches weder auf Schenkeldruck noch auf Stimme reagiert, klar zu machen, dass diese Hilfen an sich schon verbindlich sind. Dazu muss sie sehr kontrolliert benutzt werden. Weder soll das Pferd damit verprügelt werden noch darf die Gertenhilfe so halbherzig gegeben werden, dass sie das Pferd wie die beiden vorangegangenen Hilfen ignoriert. Sporen sind für eine Verstärkung des Schenkeldrucks nur bedingt geeignet. Viele Pferde reagieren auf Sporenstiche nämlich nicht etwa durch besseres Vorwärtsgehen; sie machen stattdessen einen »Katzenbuckel« und blockieren sogar die Vorwärtsbewegung. Das kommt daher, dass der Sporenstich ein extremes Zusammenziehen der Bauchmuskeln verursacht – das Pferd zieht zwar seine Hinterbeine unter den Körper, aber eher in der Form, die auch die blockierende Kreuzhilfe des Reiters bewirkt. Ein leichter einseitiger Sporenstich kann durchaus ein Hinterbein aktivieren und vortreten lassen; ein starker beidseitiger Sporeneinsatz bewirkt jedoch eher die komplette Blockade; damit kann man das Pferd notfalls sehr schnell stoppen.

Sinnvoller ist es, das Pferd auf einen leichten, kurzen Schenkeldruck zu sensibilisieren, so dass

Galopptraversale nach rechts.Sowohl zum Angaloppieren als auch zum seitwärts Treiben liegt der äußere Schenkel weiter hinten.

Die Bedeutung des Schenkeldrucks lehren:
1. Das Pferd wird stark abgestellt.
2. Es weicht mit der Hinterhand aus.
3. Der Schenkel wird zusätzlich eingesetzt. Das Pferd begreift schnell, dass es dem Schenkeldruck ausweichen soll.

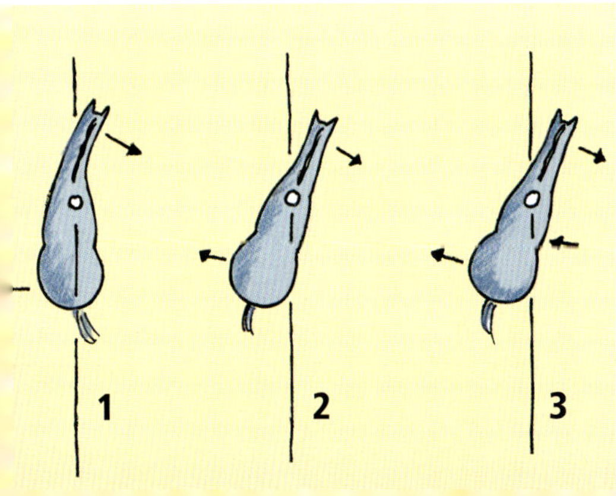

Der Reiter kann nur »schön«, d.h. ruhig sitzen, wenn das Pferd freiwillig vorwärts geht.

die Verstärkungen mit Stimme und Gerte weitgehend unterbleiben können. Angenommen, Sie befinden sich im Trab und wollen das Pferd durch beidseitigen Schenkeldruck zu »mehr Tempo im Trab« auffordern. Drücken Sie dazu beide Schenkel kurz ans Pferd. Reagiert das Pferd nicht, so verstärken Sie durch ein verbales »Vorwärts« oder ein Zungenschnalzen etc. Reagiert es immer noch nicht, holen Sie mit dem Schenkel aus und »bolzen« ruhig einmal beidseitig gegen seine Rippen. Immer noch keine Reaktion? Dann holen Sie mit der Gerte aus und schlagen ihm einmal deutlich und kräftig an den Bereich des Hinterbeins unter dem Knie (nicht auf die Kruppe). Achten Sie darauf, es dabei nicht im Maul zu stören, denn Sie dürfen einen möglichen »Satz« nach vorne oder auch ein Angaloppieren auf keinen Fall durch ein Ziehen am Zügel behindern; sie wollten eine Vorwärts-Reaktion des Pferdes, also dürfen Sie eine richtige Reaktion (auch wenn sie etwas explosiv kommt) nicht durch einen Ruck im Maul strafen. Auch wenn der Ruck unbeabsichtigt ist, das Pferd wird ihn als Strafe werten und das nächste Mal nicht mehr vorwärts springen. Nehmen Sie also die Gerte zur Not in eine Hand, wenn Sie diese einsetzen. Spätestens nach drei bis vier solcher »Verstärkungen« sollte das Pferd auf einen leichten Druck der Schenkel deutlich im Tempo zulegen.

Vorwärtsdrang erhalten

Das Pferd muss von allein vorwärts gehen. Prinzipiell ist es für eine effektive Gymnastizierung und differenzierte Hilfengebung von großer Bedeutung, dass der Reiter die vorhandene Bewegungsenergie des Pferdes aus der Hinterhand nutzen kann und sie nur lenken muss. Kann er das nicht, weil das Pferd faul ist oder klemmt und sich weigert, vorwärts zu gehen, so muss er zuviel Energie und Kraft aufwenden, um das Pferd überhaupt in Gang zu halten. Das macht den Sitz unschön und Einwirkung grob und undifferenziert.

Der Reiter muss also immer zuerst für eine freiwillig angebotene Energie aus der Hinterhand sorgen, bevor er an deren Lenkung für gymnastizierende Übungen denken kann.

Und dazu muss er dem Pferd das Vorwärtsgehen »schmackhaft« machen. Je nach Pferd hat er dazu unterschiedliche Möglichkeiten.

1. Er stört das (fleißige) Pferd mit Sitz und Einwirkung solange möglichst nicht, wie es gut vorwärts geht.
2. Er ahndet bei einem trägen Pferd die fehlende Reaktion auf einen treibenden Schenkeldruck mit allen zur Verfügung stehenden Mitteln. Durch konsequente und psychologisch geschickte Verstärkung macht er ihm das faule Leben so unangenehm (wie oben beschrieben), dass es sehr schnell lernt, auf eine treibende Hilfe prompt zu reagieren.
3. Er entspannt ein Pferd, welches den Rücken festhält.

Kontrolle der Energie aus der Hinterhand

Die Energie aus der Hinterhand muss sich jedoch auch kontrollieren lassen. Entwickelt ein Pferd zuviel Vorwärtsdrang, so wird auch in diesem Fall seine Lenkbarkeit erschwert. Mit einem Zuviel an Vorwärtsenergie ist oft schwerer umzugehen, als mit einem Zuwenig: das Pferd rennt dem Reiter davon und zwingt ihn schlimmstenfalls zum bremsenden Einsatz der Zügel – was auf jeden Fall zu vermeiden ist, wie wir später noch sehen werden (mehr dazu bei den Grundsätzen der Zügeleinwirkung und in Kapitel 5, Problemlösungen).

Tempokontrolle ist vor allem im Gelände wichtig.

Sensibilisierung auf die Hilfen durch die »Intervalltechnik«

Die Sensibilisierung auf die Hilfen lebt von der »Intervalltechnik«. Ein Druck darf weder zu lange erfolgen noch durch »Festklemmen« verstärkt werden. Lassen Sie deswegen immer wieder los; Nehmen Sie den Druck weg, wenn auf einen einmaligen Schenkeldruck keine Reaktion erfolgte und versuchen es neu bzw. verstärken mit anderen Hilfen. Das gilt für alle Hilfen gleichermaßen – insbesondere jedoch für Schenkel- und Zügelhilfen.

Belohnung durch Aussetzen der Hilfen

Sensibilisierung lebt weiterhin davon, dass eine Hilfe sofort aufhört, wenn das Pferd tut, was es soll. Dauerndes Treiben mit dem Schenkel stumpft das Pferd ab, denn es spürt keine Veränderung, egal, wie es reagiert. Setzen Sie den

Schenkel nur dann ein, wenn Sie eine Veränderung des Status Quo wünschen – also wenn das Pferd schneller, langsamer oder seitwärts gehen, sich biegen oder anhalten soll, oder wenn Sie eine Veränderung seiner Haltung wünschen. Solange das Pferd tut, was es soll, setzen Sie alle Hilfen (nicht nur die Schenkelhilfen) aus und »belohnen das Pferd durch Nichteinwirkung«.

Aufmerksam bleiben

Bleiben Sie jedoch mit allen Sinnen und »Hilfeninstrumenten« auf Hab-Acht-Stellung. Jede von Ihnen als Reiter ungewollte Veränderung in Tempo, Biegung oder Haltung des Pferdes müssen Sie sofort bemerken und korrigieren. Nichteinwirkung bedeutet also nicht, einfach sitzen zu bleiben und gar nichts zu tun. Es bedeutet vielmehr eine wache Konzentration aufs Pferd und auf den eigenen Sitz, so dass Sie jede noch so kleine Veränderung schnellstmöglich wahrnehmen und entsprechend reagieren (korrigieren) können.

Das geführte Pferd darf nicht vorbeidrängeln.

Schnell und präzise korrigieren

Warten Sie zu lange mit einer Korrektur, so merkt das Pferd, dass es sich »Freiheiten« herausnehmen kann. Es wird mit der Zeit immer unaufmerksamer auf Ihre Signale und träger in seiner Reaktion.

Ein sehr junges, untrainiertes Pferd ist naturgemäß viel zäher in der Reaktion als ein gut ausgebildetes, sensibilisiertes älteres Pferd; es muss mit deutlicheren und einfacheren Hilfen geritten werden. Außerdem kann es sich nicht sehr lange konzentrieren. Zunehmende Sensibilisierung und Feinabstimmung erfolgen Hand in Hand mit besserem physischen und psychischem Gleichgewicht und besserer Gymnastizierung. Das Pferd kann nur sensibel und fein reagieren, wenn es gut unter dem Reiter ausbalanciert ist. Es kann nur aufmerksam sein, wenn es schmerz- und angstfrei ist.

Verbale Kommandos

Einzelne Worte als Hilfen zu etablieren ist recht einfach. Damit wird sinnvollerweise in der

Druck erzeugt Gegendruck

- **bei zu lange andauernder Gewichtsverlagerung,**
- **beim ziehenden Zügel,**
- **beim klemmenden Schenkel.**

Boden- und Longenarbeit begonnen, so dass man das Verständnis von einfachen Kommandos wie Schritt, Trab und Galopp, langsam, vorwärts, ruhig, Ho, Halt etc. bei der beginnenden Arbeit unter dem Reiter voraussetzen kann.

Besonders einfach ist das Wort Ho oder Halt im Führtraining zu etablieren. Führen Sie das Pferd im Schritt. Bleiben Sie stehen, zupfen dabei am Führstrick und sagen »Ho«. Ignoriert das Pferd Sie und will an Ihnen vorbeilaufen, so rucken Sie deutlicher am Führstrick. Das darf ruhig unangenehm fürs Pferd sein. Es muss wissen, dass sowohl Ihr Stehenbleiben als auch das Kommando Ho absolut verbindlich sind.

Mit dieser Übung schlagen Sie 3 Fliegen mit einer Klappe:

1. Sie machen dem Pferd klar, dass Sie ranghöher sind und es an Ihnen nicht vorbeilaufen darf.
2. Sie halten es aufmerksam und sensibilisieren es auf Ihre Körpersprache.
3. Sie etablieren ein verbales Kommando – das Pferd lernt sein erstes Wort aus der Menschensprache.

Diese Führübungen können Sie später auch im Trab machen und das Pferd aus dem Trab anhalten lassen. Dabei etablieren Sie gleichzeitig die Kommandos Schritt und Trab oder auch Komm mit, Vorwärts etc.

Wenn das Pferd an der Hand nicht mitkommen will, nehmen Sie eine Gerte und tippen es (ohne sich umzudrehen) an der Hinterhand an, wenn Sie loslaufen. Dazu sagen Sie laut und deutlich Schritt oder Trab. Sie können auch die Silben einzeln betonen, wie »Sche-ritt« oder »Te-rab«. Damit akzentuieren Sie Ihre Kommandos noch besser.

Wollen Sie das Wort Galopp lehren, so ist die einfachste Methode hierfür die Arbeit mit dem freien Pferd im Roundpen. Treiben Sie das Pferd von sich weg und lassen Sie es um sich herum laufen. Dazu können Sie ein Seil werfen oder kreisen las-

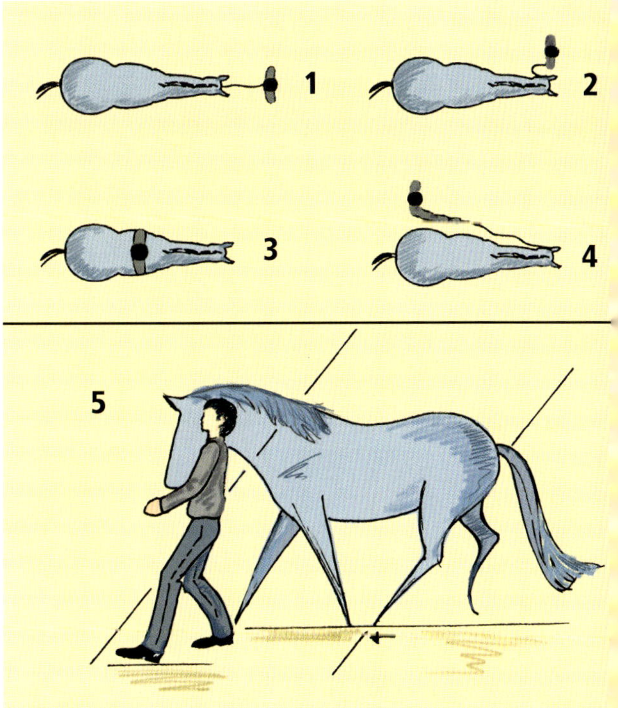

Führpositionen
(1) Vor dem Pferd oder (2) neben dem Kopf in der Position einer Leit- oder Mutterstute, (3) auf dem Pferd sitzend und (4) Führen von hinten in der Position des Leithengstes.

(5) Der Stopp an der Hand.

Das Pferd muss freiwillig mitkommen. Keinesfalls darf man es hinterherziehen. Das würde eine grobe Missachtung der ranghöheren Position des Ausbilders bedeuten.

sen oder auch eine Longenpeitsche verwenden. Haben Sie ein träges Pferd, so können Sie zusätzlich auch einen »Störer«, der dem Pferd »nicht ganz geheuer« ist, an Gerte oder Peitsche befestigen, z.B. ein Stück Plastikband oder eine Tüte. Warten Sie bei einem Pferd, welches hektisch um Sie herumgaloppiert, bis es sich im Trab befindet. Treiben Sie ein faules Pferd in den Trab. Setzen Sie dann alles ein, was Sie zur Verstärkung Ihrer Vorwärts-Hilfen haben: Wedeln Sie mit dem Störer, heben Sie die Peitsche, berühren das Pferd mit dem Peitschenschlag oder werfen ein Seil nach ihm. Dazu sagen Sie laut und energisch »Galopp«. Das wiederholen Sie so lange, bis sich das Pferd im Galopp befindet. Dann setzen Sie mit allen Hilfen aus. Warten Sie, bis es wieder in den Trab fällt. Regt es sich auf und rennt wie verrückt um Sie herum, so versuchen Sie es über eine leisere, tiefe Stimme zu beruhigen. Trabt es wieder ruhig, so lassen Sie es nochmal angaloppieren. Es dauert nicht lange, und das Pferd hat begriffen, was Galopp bedeutet.

Wollen Sie es verlangsamen, so treten Sie ihm mehr oder weniger stark in den Weg, verbunden mit dem Kommando Sche-ritt oder Te-rab, wenn ein Gangartenwechsel beabsichtigt ist und mit dem Wort Ho, wenn das Pferd stoppen soll.

Kennt das Pferd die Gangartenkommandos und beruhigende bzw. aufmunternde Stimmhilfen aus der Bodenarbeit, so versteht es sie später natürlich auch unter dem Reiter – und sie können zur Verstärkung, zur Belohnung (z.B. ein schmeichelndes, leises »Gut so«), als Strafe (ein lautes, hartes »Nein«) sowie als temporäre Zusatzhilfen bei neuen Kombinationen eingesetzt werden.

Temporäre Zusatzhilfen

Diese Hilfen sind für die Lernphase einer neuen Lektion oder auch für die Korrektur von eingefahrenen Fehlern eine große Erleichterung. Es sind vor allem die Stimmhilfen. Aber auch das Antippen mit der Gerte an einen bestimmten Körperteil des Pferdes, um diesen gezielt zu steuern, gehört dazu. Ein Umstellen des Pferdes gegen die Bewegungsrichtung als Korrekturinstrument (wenn es z.B. in einer Wendung über eine Schulter ausfällt) kann zudem in diese Sparte fallen (siehe Kapitel 5).

Richtige Zügeleinwirkung

- **Ohne eine aktive Hinterhand ist keine richtige Zügleinwirkung möglich.**
- **Die Zügelhilfe ist die letzte und schwächste in einer Reihe von Hilfen.**
- **Der Zügel darf nie rückwärts wirken.**
- **Die Haltung des Pferdes darf nicht über Zügeleinwirkung erzwungen werden.**
- **Das Pferd muss erst lernen, den Zügel anzunehmen, bevor die Zügelhilfen minimiert werden können.**
- **Scharfe Gebisse dienen der Verfeinerung von Zügelhilfen und nicht dazu, ein Pferd über Schmerz im Maul zu kontrollieren.**
- **Auch mit gebisslosen Zäumungen muss das Pferd über den Rücken gehen.**

Die Wirkung des Zügels

Die Einwirkung mit dem Zügel ist »das Thema« schlechthin und führt zu den größten Kontroversen innerhalb der Reiterszene. Besonders das Fehlerpotenzial bei der Verwendung des Zügels in seiner verhaltenden, begrenzenden Form ist hoch. Missverständnisse hinsichtlich dessen, was der Zügel leisten kann, wie und wann er eingesetzt wird, sind an der Tagesordnung. (Ausführliches zu den Fehlern in Kapitel 5.) Trotzdem gibt es allgemein gültige Regeln, die nicht nur für jedes Pferd, sondern auch für jeden Reitstil gelten (sei es Western, Dressur, Springen oder Hohe Schule).

Nachfolgend die Grundsätze für die richtige, zweckmäßige Zügeleinwirkung:

1. Es gibt einen direkten und einen indirekten Zügel, deren Wirkung sich deutlich unterscheidet.

2. Der direkte Zügel stellt das Pferd in die vom Reiter gewünschte Richtung und ist die Grundlage für alle weiteren Zügelsignale. Er wirkt immer seitwärts und ist im Normalfall der innere Zügel. (Innen und außen definieren sich über die Längsbiegung des Pferdes. Innen ist die hohle Seite des Pferdes, außen die gedehnte.)

3. Der indirekte Zügel ist der äußere Zügel. Er wirkt begrenzend, verhaltend und kontrollierend und kann erst eingesetzt werden, wenn das Pferd auf den direkten Zügel gut reagiert. Er

Das Reiten mit milden gebisslosen Zäumungen erfordert eine gute Vorbereitung des Pferdes am Boden hinsichtlich Gehorsam und Vertrauen.
Wie beim Reiten mit Gebiss muss das Pferd über den Rücken und durch's Genick gehen. Andernfalls drohen Rückenschäden.

Das Reiten mit Bosal erfordert einen grundsätzlich losen Zügel und eine gute Grundausbildung des Pferdes am Boden. Andernfalls ist es insbesondere im Gelände ein Sicherheitsrisiko.

begrenzt die Stärke einer Längsbiegung, verhindert Brüche im (seitlichen) Spannungsbogen und damit Ausweichmanöver des Pferdes, kontrolliert das Tempo und schließlich den Versammlungsgrad.

4. Ein Zügel darf niemals rückwärts wirken. Dieser altbekannte Lehrsatz ist der zentrale Punkt für jede richtige Zügeleinwirkung. Mit dem Zügel wird immer nur die Energie aus der Hinterhand des Pferdes gesteuert. Der Reiter lenkt das Pferd zur Seite (für die gymnastizierende Längsbiegung). Er fängt die Energie aus der Hinterhand auf und begrenzt damit die Vorwärtsbewegung (Versammlung). Oder er lässt den Schub kontrolliert heraus – ohne das Pferd auseinander fallen zu lassen, d.h. den Spannungsbogen aufzugeben (richtige Verstärkungen).

Auch beim Rückwärtsrichten wird das Pferd keinesfalls mit dem Zügel »zurückgezogen«.

5. Ohne »Vorwärtsenergie« aus der Hinterhand und einen lockeren, schwingenden Rücken des Pferdes, der diese Energie ohne Blockaden nach vorne durchlässt, ist keine lenkende (und damit richtige) Zügeleinwirkung möglich.

6. Die Zügelhilfe steht an letzter Stelle in einer Reihe von Hilfen und Voraussetzungen.

a. Zuallererst – als Grundvoraussetzung – muss das Pferd überhaupt locker und freiwillig vorwärts gehen.

b. Dann kommt als Vorbereitung (Vorankündigung) eine Gewichtshilfe, die das Gleichgewicht des Pferdes beeinflusst und ihm klar macht, in welche Richtung und in welchem Tempo es weitergehen soll.

c. Danach kommen treibende und/oder kontrollierende Hilfen mit dem Schenkel und evtl. eine Verstärkung über Gerte und Stimme.

d. Und zum Schluss erst lenkt und kontrolliert der Zügel.

b und c wirken nur mit einer geringen zeitlichen Verzögerung, manchmal fast gleichzeitig. Eine Stimmhilfe kann unter Umständen kurz vor einer Gewichtshilfe kommen und diese vorbereiten.

d kommt immer mit leichter Verzögerung ins Spiel. Mit der Verzögerung sorgt man dafür, dass das Pferd keine widersprüchlichen Signale bekommt und verhindert eine zu starke Spannung im Pferd, den so genannten »Schraubstockeffekt«.

7. Eine Zügelhilfe wirkt, wie jede andere Hilfe, am besten in der Intervalltechnik: Annehmen-Nachgeben-Annehmen-Nachgeben. Jeder andauernde Zug am Zügel ist zu vermeiden, damit sich das Pferd nicht »auf die Hand legen« kann (siehe auch Paraden).

8. Zügelhilfen sollen weitestgehend minimiert werden, wenn ihre Kontrollfunktion beim gut ausgebildeten Pferd immer weniger notwendig wird.

9. Erst muss das Pferd lernen, den Zügel anzunehmen (siehe auch Abschnitt Takt), bevor die Zügelhilfe minimiert werden kann. »Den Zügel annehmen« bedeutet, dass es auf ein Zügelsignal prompt und ohne Widerstand reagiert und dass es den Zügel (und die Reiterhand) nicht als zusätzliche Stütze bei Gleichgewichtsproblemen benutzt (sich auf den Zügel legt).

10. Mit dem Zügel allein kann eine zweckmäßige Haltung des Pferdes nicht erreicht werden. Der Zügel darf nie dazu dienen, den Hals des Pferdes zu formen und seinen Kopf herunter zu zwingen. Der Einsatz von Hilfszügeln ist allenfalls bei vom Exterieur her problematischen Pferden an der Longe und bei Reitanfängern zu empfehlen.

11. Auch mit gebisslosen Zäumungen muss das Pferd mit intaktem Spannungsbogen gehen und richtig gymnastiziert werden. Der Einsatz milder

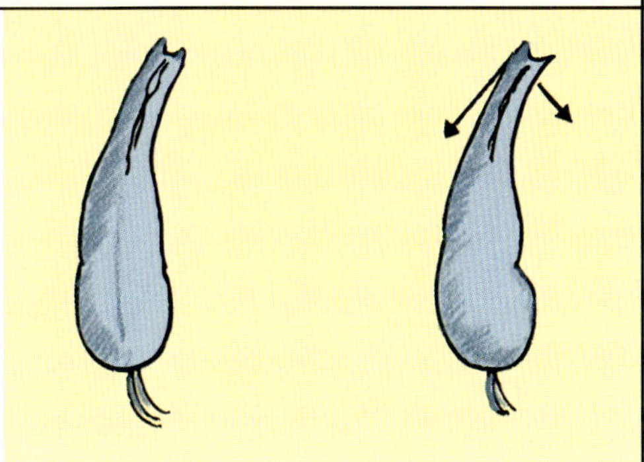

Die Wirkung von äußerem und innerem Zügel: Der innere Zügel stellt das Pferd in eine Wendung hinein. Der äußere Zügel begrenzt die Abstellung und Biegung des Pferdes, so dass es sich nicht im Hals stärker biegt als im Rest des Körpers (sich der Biegung entzieht).

Starke Biegung im Schulterherein: Der äußere Zügel hat als Kontrollzügel die Hauptarbeit.

links: Nasenriemen zu tief – er liegt über der Blähzone und behindert die Atmung

rechts: richtige Lage des Nasenriemens

Spitze am Gaumen beim einfach gebrochenen Gebiss

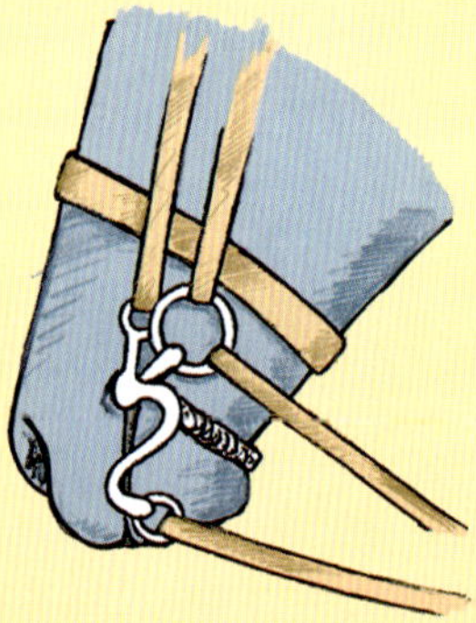

Dressurkandare mit Unterlegtrense

links: Kinnkette richtig · rechts: Kinnkette zu eng

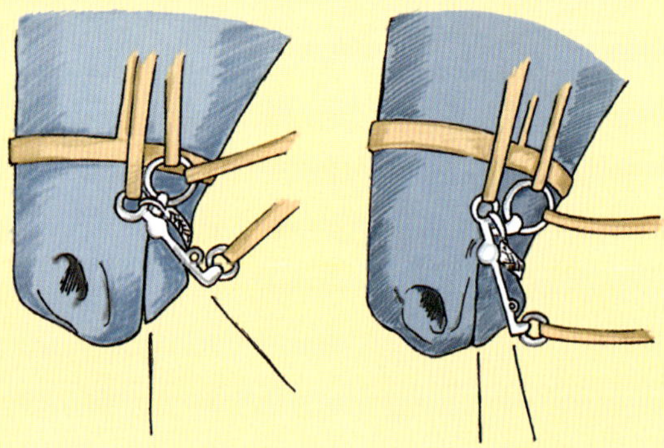

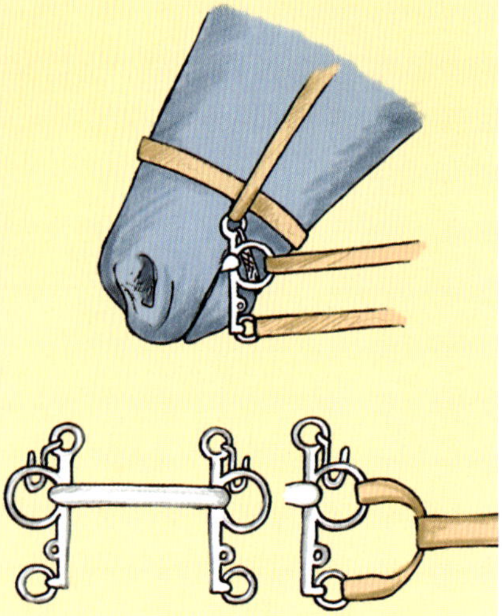

Pelham
oben: richtig verwendet mit zwei getrennten Zügeln
unten rechts: falsch mit einem Zügel, der Trensen- und Kandarenwirkung nicht trennt

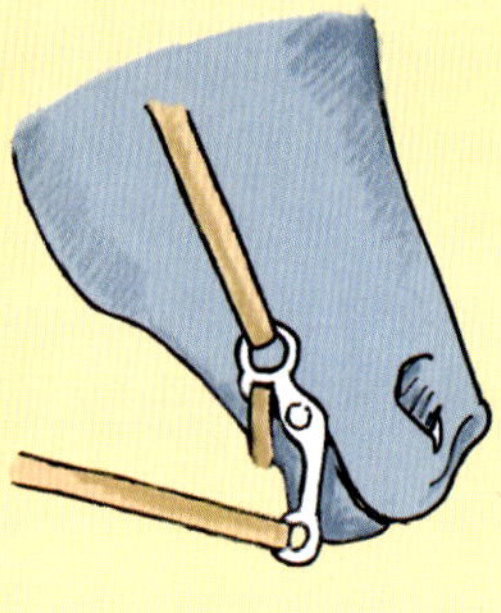

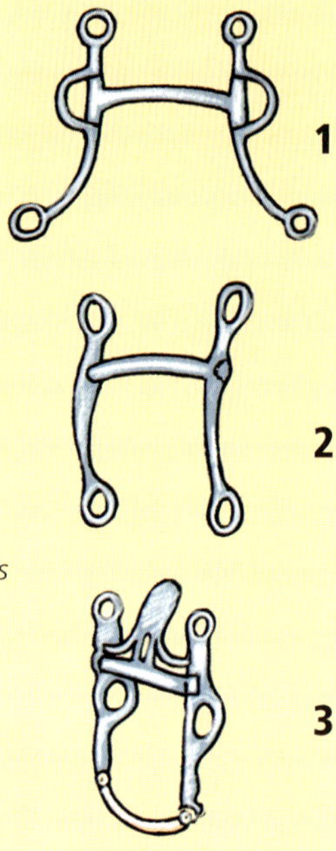

Westernkandaren

1. mit beweglichen Shanks (Hebeln)

2. mit starren Shanks

3. Spade Bit (Löffelgebiss) für sehr gut ausgebildete Pferde – meist in der kalifornischen Reitweise verwendet

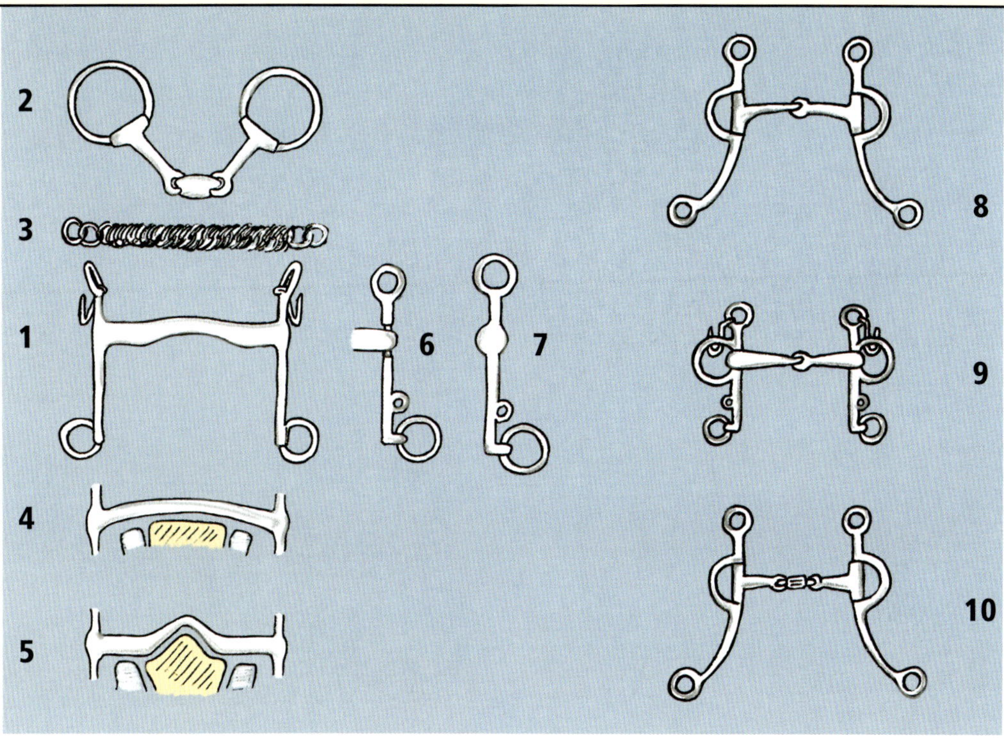

Dressurkandare (1) mit Unterlegtrense (2) und Kinnkette (3)
(4) wenig Zungenfreiheit = mildere Wirkung
(5) viel Zungenfreiheit = schärfere Wirkung

Bewegliche Hebel (6) bergen das Risiko, dass die Maulwinkel eingeklemmt werden. Starre Hebel (7) schonen die Maulwinkel.

(8–10) Snaffles with Shanks. Die Gebisse vereinen Trensen- und Kandarenwirkung, wenn sie mit 2 Paar Zügeln benutzt werden. Es gibt sie mit längeren (8) und kürzeren (9) Hebeln (Pelham) sowie auch doppelt gebrochen (10).

Das Bosal (Jaquima) – eine milde Ausbildungszäumung ohne Hebelwirkung.

Die mechanische Hackamore – eine scharf wirkende »Außenkandare«.

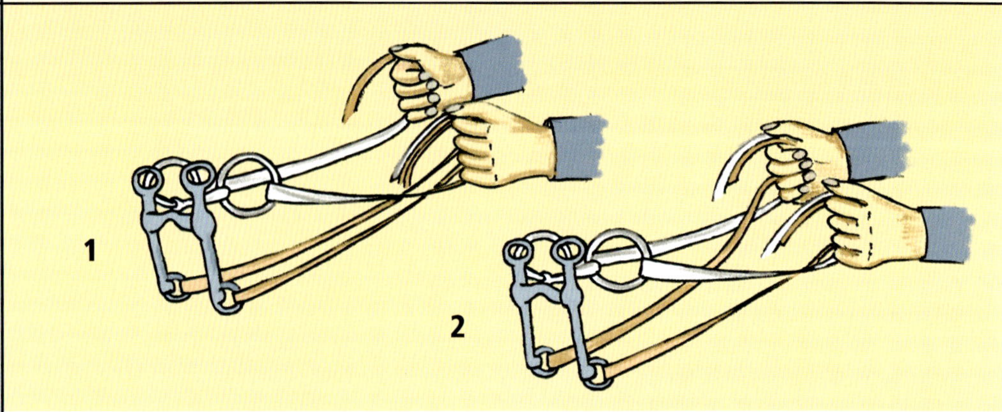

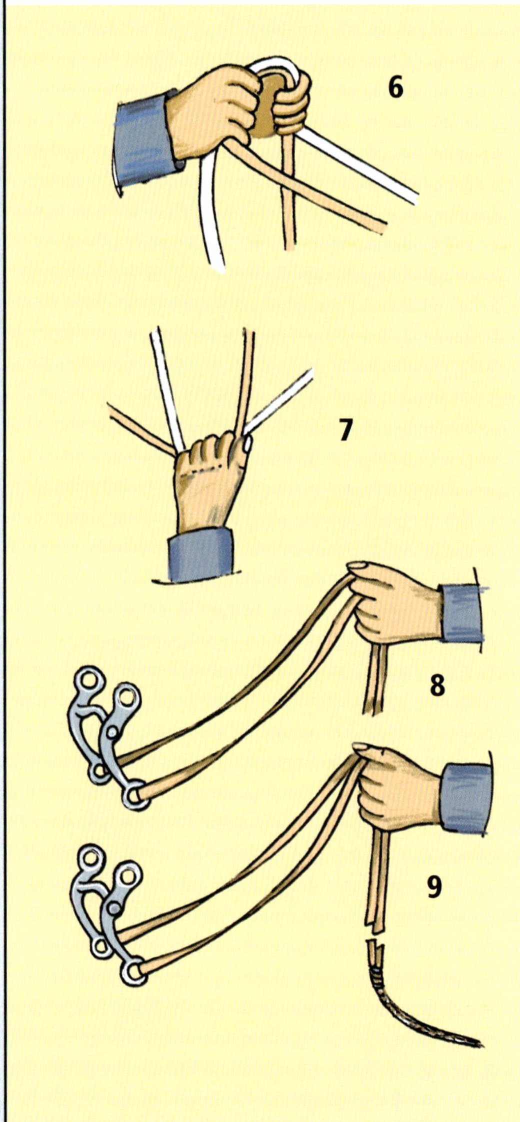

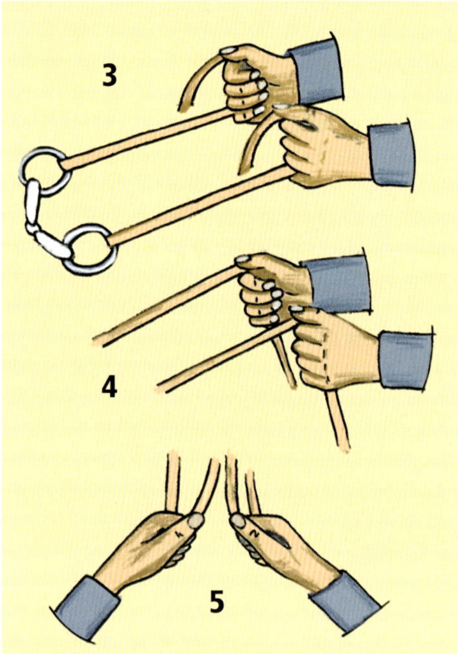

Zügelführung:
1. mit Dressurkandare 3 zu 1
2. mit Dressurkandare geteilt
3. auf Trense – von unten nach oben
4. auf Trense – von oben nach unten
5. Richtige Handhaltung ohne Knick im Handgelenk.
6. Die Zügelbrücke auf Trense (bei Western- und Rennpferden oft verwendet)
7. Übergang zur einhändigen Zügelführung
8. einhändige Zügelführung bei Split Reins (geteilten, offenen Zügeln) mit dem Zeigefinger zwischen den Zügeln …
9. … und bei geschlossenen Zügeln mit Romal (kalifornischer Stil) ohne Zeigefinger zwischen den Zügeln.

gebissloser Zäumungen wie Bosal oder Sidepull erfordert eine noch bessere Vorbereitung am Boden hinsichtlich der Angstbewältigung und des Gehorsams, um das Pferd immer sicher kontrollieren zu können.

12. Scharfe Gebisse dienen der Verfeinerung von Zügel-Hilfen bei einem gut und richtig ausgebildeten Pferd und nicht dem »Verkürzen des Bremsweges« bei einem schlecht ausgebildeten Pferd.

13. Blanke Kandaren (ohne Unterlegtrense bzw. ohne zweites Paar Zügel) sind nur dann sinnvoll, wenn das Pferd gelernt hat, auf Gewicht des Reiters und den indirekten äußeren Kontroll-Zügel zu reagieren. Wegen des Hebels ist nämlich eine direkte seitwärts-stellende Zügeleinwirkung damit nur sehr schlecht möglich, weil dabei das Gebiss im Maul des Pferdes kippt. Das gilt in ähnlicher Weise auch für die »Außenkandare«, das mechanische Hackamore.

14. Kombigebisse wie Pelhams und Snaffles with Shanks (also Gebisse, die sowohl mit Hebeln als auch mit der Trensenschnallung benutzt werden können) sollten immer mit zwei Paar getrennten Zügeln benutzt werden, damit die Wirkung von Kandare und Trense getrennt werden kann.

Ziele der Ausbildung und wie man sie mit den richtigen Hilfenkombinationen erreicht

Ziel 1: Takt

Das Pferd lernt, das Reiter-Gewicht auf dem Rücken so zu tragen, dass es nicht in seinen Bewegungen behindert wird. In jeder neuen (schwierigeren) Lektion und jeder Ausbildungsstufe muss eine Anpassung des Gleichgewichts erfolgen.

Ein klarer Takt des gerittenen Pferdes ohne »Unreinheiten« oder Fehler in den verschiedenen Gangarten ist ein bedeutendes Kriterium für die richtige Ausbildungsarbeit des Reiters und das richtige Gleichgewicht des Reiter-Pferd-Systems. Klarer Viertakt im Schritt, Zweitakt im Trab und Dreitakt im Galopp bedeutet:

1. Das Pferd belastet seine vier Beine gleichmäßig.
2. Es tritt nicht mit einem Bein »kürzer« oder weicht seitlich aus.
3. Es setzt seine Hinterhufe in die Spur der Vorderhufe.
4. Es blockiert eine Bewegung nicht im Rücken oder im Genick (durch einen festgehaltenen Rücken, falschen Knick, etc.).

Damit das Pferd unter dem zusätzlichen Reitergewicht überhaupt taktrein laufen kann, müssen einige Voraussetzungen erfüllt sein:

1. Kraft und Kondition des Pferdes müssen langsam aufgebaut werden –
am besten durch ausreichende Boden- und

Begriffe mit ähnlicher Bedeutung

- **Das Pferd unter dem Reiter ins Gleichgewicht bringen.**
- **Das Pferd mit dem Reitergewicht neu ausbalancieren.**
- **Das Pferd taktmäßig reiten.**
- **Den natürlichen Takt der Gangarten erhalten.**

Longenarbeit, bevor sich das erste Mal ein Reiter draufsetzt.

Schon in der Longierphase muss der Reiter darauf achten, dass das Pferd »über den Rücken« geht. Es kann zwar in vielen Fällen ohne Hilfszügel longiert werden, jedoch nur dann, wenn der Longenführer in der Lage ist, durch sinnvolle Lektionenstaffelung und geschickten Einsatz der eigenen Körpersprache das Pferd dazu zu bringen, dass es in Dehnungshaltung geht: d.h. den Rücken »aufwölbt« und einen intakten Spannungsbogen (auch in der Längsbiegung) zeigt.

2. Das Pferd muss in langsamem Tempo und in kurzen Arbeitsabschnitten lernen, sich mit dem Reitergewicht neu auszubalancieren.

Andernfalls verbindet es die Arbeit unter dem Reiter mit Stress; es hat Angst vor Gleichgewichtsverlust und versucht, dem störenden Gewicht entweder möglichst schnell davonzulaufen oder sich dahinter zu verkriechen – also nicht vorwärts zu gehen. Beides verhindert jeden Ausbildungsfortschritt, wobei der »Düsewind« noch deutlich schwerer zu kontrollieren ist als die »Schlaftablette«. (In Kapitel 5 werden Korrekturmöglichkeiten für rennende und schleichende Pferde angerissen.)

Berücksichtigen Sie die Punkte 1 und 2 so ergibt sich Punkt 3:

3. Tempo, Bewegungsrichtung und Gangart müssen unter Kontrolle sein.

Bevor Sie das Pferd im Schritt nicht hundertprozentig kontrollieren können, unterbleibt ein Trab. Bevor der Trab nicht unter Kontrolle ist, wird

Tempo- und Richtungskontrolle im Trab müssen funktionieren, bevor mit der Galopparbeit begonnen werden kann.

nicht galoppiert. Andernfalls haben Sie oft nur noch die Möglichkeit, das Pferd über Zügeleinwirkung zu kontrollieren. Und das sollte möglichst unterbleiben, denn der Zügel ist nur ein Instrument für die Feinkontrolle. Die Grobkontrolle muss über das gemeinsame Gleichgewicht erfolgen.

Mit Kontrolle meine ich sowohl die Tempo- als auch die Richtungskontrolle. Im Schritt sollte beides kein Problem sein. Versteht das Pferd, was der Reiter will, so lässt es sich ohne Probleme anhalten und abwenden, weil es keine Gleichgewichtsschwierigkeiten damit hat. Reagiert das Pferd nicht, so gibt es nur zwei Möglichkeiten, warum es das nicht tut: Es versteht das Signal des Reiters nicht (das kann man ausschließen, indem man am Boden verbale Stimmhilfen etabliert hat) oder es hat keine Lust (dann ist nicht klar, wer das Sagen hat – es nimmt den Reiter nicht ernst – siehe auch Kapitel 5).

Im Trab hingegen kann es durchaus sein, dass das Pferd aus einem dritten Grund nicht reagiert, weil es nämlich (noch) nicht kann: Es kann nicht aus dem Trab anhalten ohne sich auf die Hand des Reiters zu legen, weil seine Hinterbeine noch nicht gut genug trainiert sind, um die Vorwärtsenergie aufzunehmen. Es driftet aus einer Volte heraus, weil es mit den Fliehkräften kämpft und sich noch nicht genug in den Rippen biegen kann.

Im Galopp sind alle Probleme noch viel größer, weil der Galopp an sich eine sehr instabile Gangart ist. Bevor engere Wendungen und Paraden zum Schritt und zum Halten aus dem Galopp funktionieren, muss das Pferd schon extrem gut unter dem Reiter im Gleichgewicht sein.

Je nach Talent und Exterieur des Pferdes kann das Jahre dauern.

An der Doppellonge kann man Probleme korrigieren (auf dem Bild verwirft sich das Pferd allerdings etwas im Genick).

Das junge Pferd muss Vertrauen zur Reiterhand und zum Reitergewicht bekommen.

Hilfenkombinationen

Um das junge Pferd kontrolliert und mit intaktem Spannungsbogen geradeaus zu reiten, brauchen Sie vor allem einen guten, ausbalancierten Gleichgewichtssitz und eine sensible, unabhängige Hand.

Das Pferd muss in dieser Phase Vertrauen zur Hand des Reiters entwickeln. Es muss lernen, den Zügel als Kontrollinstrument anzunehmen und an die Reiter-Hand heranzutreten. Es darf sich in der Hand keine Stütze für sein Gleichgewicht suchen (auf die Hand legen). Es darf sich auch nicht vor der Hand verstecken (hinter dem Zügel »verkriechen«). Beides unterbricht den richtigen Spannungsbogen (siehe dort) und wirkt sich negativ auf den Takt aus.

Es muss auch darauf vertrauen, dass der Reiter es nicht mit seinen Gewichtshilfen aus der Balance bringt. Deswegen darf der Reiter mit seinem Schwerpunkt im Normalfall (wenn er keine Reaktion des Pferdes verursachen will) weder vor noch hinter noch neben der Bewegung des Pferdes sein. Bei einem flotten Pferd mit viel Schub aus der Hinterhand befinden sich beide Schwerpunkte etwas weiter vorn – bei einem langsameren Pferd, welches seine Hinterbeine schon gut untersetzen kann, etwas weiter hinten. Nur wenn beide Schwerpunkte vor Beginn einer Gewichtshilfe übereinander lagen, kann das Pferd auf eine Gewichtsverlagerung des Reiters richtig reagieren.

Gewichtshilfen dürfen zudem immer nur kurz gegeben werden (auch hier ist eine Art Intervalltechnik nötig). Andernfalls lernt das Pferd, sich dagegen zu stemmen oder sie zu ignorieren. Beides führt zu einer vermehrten Schiefe und Steifheit des Pferdes und stört den Takt.

Bei jeder Gewichtsverlagerung gilt die Reihenfolge

a. Gewicht aus dem Gleichgewichtssitz heraus verlagern (z.B. zur Seite)

b. abwarten, was passiert (wie das Pferd reagiert)

c. Fall 1: das Pferd reagiert richtig, läuft unter Ihr Gewicht (und wendet ab).

Gewichtsverlagerung

- **1. Gewicht aus dem Gleichgewichtssitz heraus verlagern.**
- **2. Abwarten, was passiert.**
- **3. Gewichtsverlagerung zurücknehmen.**
- **4. Bei Bedarf erneut Gewicht verlagern.**

Danach müssen Sie sich sofort wieder senkrecht setzen, um das Pferd für die richtige Reaktion durch Nichtstun zu belohnen.

c. Fall 2: das Pferd reagiert nicht, wehrt sich vielleicht sogar gegen die Gewichtshilfe und driftet (über die Schulter) in die Gegenrichtung ab. Es läuft nicht unter Ihr Gewicht, sondern entfernt sich mit seinem Schwerpunkt immer weiter von Ihrem.

Dann haben Sie vielleicht die Gewichtsverlagerung »überreizt« d.h. zuviel oder zu lange verlagert. Oder Sie haben durch Einknicken in der Hüfte Ihr Gewicht auf die falsche Seite gebracht. Oder Sie haben versucht, das Pferd am inneren Zügel in die Wendung zu ziehen. Setzen Sie sich in diesen Fällen erst wieder zurecht, so dass Ihr Schwerpunkt über dem des Pferdes liegt und versuchen Sie es dann erneut mit etwas weniger Gewichtsverlagerung und einem kurzen, leichten seitlichen Zügelzupfer. Ziehen Sie nie dauerhaft am inneren Zügel. Sie können ein Pferd nicht mit dem inneren Zügel in die Wendung hineinziehen; eine Wendung wird immer über die Gewichtsverlagerung eingeleitet, der innere Zügel hilft nur dem Pferd und zeigt ihm den Weg in die Wendung. Zur präzisen Steuerung der Wendung und zur Kontrolle der Stärke der Biegung des Pferdes ist der äußere (Kontroll-)Zügel nötig.

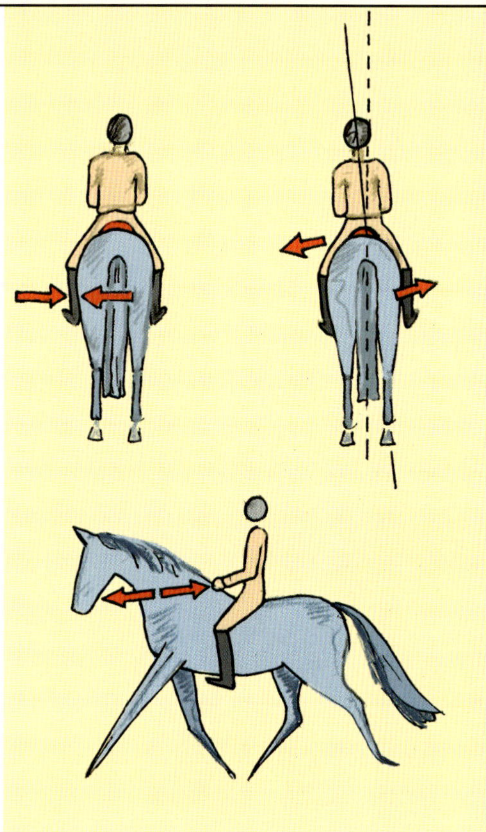

Alle Hilfen müssen in der Intervalltechnik gegeben werden, sonst lernt das Pferd, sich dagegen zu wehren und baut dauerhaften Gegendruck auf. Es drückt z.B. gegen den Schenkel, legt sich auf den Zügel oder läuft vor der Gewichtsverlagerung davon, statt unter das Gewicht des Reiters zu laufen.

c. Fall 3: das Pferd reagiert zu stark: es »kippt« über die innere Schulter in die Wendung hinein, verlegt seinen Schwerpunkt zu stark nach innen. Dadurch klaffen die Schwerpunkte von Reiter und Pferd auch wieder auseinander. Nun muss der Reiter mit seinem Gewicht dem Pferd folgen, also erstmal so tun, als wolle er tatsächlich eine engere Wendung reiten. Zusätzlich nimmt er den äußeren Zügel an und legt den inneren Schenkel an, erhält aber die Innenstellung mit dem seitwärts wirkenden, inneren Zügel. Damit sagt er dem Pferd: Bieg' dich stärker (um meinen inne-

Abwenden mit Kopf- und Schulterdrehung des Reiters (ZickZack um Pylone).

ren Schenkel); leg' dich nicht so stark in die Kurve. Dem Pferd wird diese Biegung irgendwann zu viel und es wird versuchen, den Kreisbogen wieder zu vergrößern – was der Reiter ja beabsichtigt hat.

In Kapitel 5 mehr zur Kontrolle und Korrektur in Wendungen.

Ziel 2a: Losgelassenheit

Die Losgelassenheit ist die Basis für ein später bequem zu sitzendes und zu kontrollierendes Pferd. Nur ein Pferd, welches keine unnötigen Spannungen aufbaut, wird den Rücken loslassen. Und nur dann kommt die Energie aus der Hinterhand in voller Stärke vorne an, so dass sie der Reiter zur Lenkung nutzen kann.

Losgelassenheit bedeutet Minimalspannung – soviel wie nötig, sowenig wie möglich.
Jede Bewegung braucht ein gewisses Maß an Grundspannung – auch die des Gesamtsystems Pferd+Reiter. Wollen Sie die Losgelassenheit erreichen, so liegt die Kunst darin, nur die wirklich unbedingt nötige Spannung zu erhalten und jedes Quäntchen unnötige Spannung zu vermeiden. Das gilt nicht nur für die Bewegung des Pferdes, sondern auch für den Sitz des Reiters (siehe dort).

Begriffe mit ähnlicher Bedeutung

- **Das Pferd körperlich und psychisch entspannen.**
- **Das Pferd über den Rücken reiten.**
- **Das Pferd rund reiten.**
- **Das Pferd durchs Genick reiten.**
- **Das Pferd an den Zügel/ an die Hilfen stellen.**
- **Losgelassenheit und Ruhe unter dem Reiter erreichen.**
- **Den Rücken des Pferdes zum Schwingen bringen.**

Losgelassenheit

- Entlastung der Schwachstellen des gerittenen Pferdes.
- Gesunderhaltung des Bewegungsapparates und vor allem des Rückens.
- Längere Nutzbarkeit als Reitpferd.
- Bequemlichkeit für den Reiter.
- Bessere Kontrollierbarkeit (auch durch psychische Entspannung/Angstfreiheit).

Um Spannung abzubauen sind Biege-Übungen wie unter Punkt 2c beschrieben angebracht.

Aber auch eine mögliche Spannung aufgrund von Angst oder Schmerz muss berücksichtigt und beseitigt werden. (Angstbewältigung siehe Kapitel 2 und 5.) Wenn das Pferd unter Stress steht, so wird es immer eine zu hohe Grundspannung haben. Zudem nimmt es dann die »Alarmhaltung« mit hoch gedrücktem Hals und weggedrücktem Rücken ein, die eine anatomisch richtige Einwirkung des Reiters fast unmöglich macht. Zu hohe Grundspannung führt zu »Verspannungen«. Und diese können sowohl beim Reiter als auch beim Pferd durchaus schmerzhaft sein und die angestrebte Losgelassenheit dauerhaft verhindern.

Das »Zusammenschnüren« des Pferdes mittels Hilfszügeln ohne ausreichende Aktivierung der

1

2

links: 1. Die Alarmhaltung des Pferdes.
2. Die entspannte Fresshaltung (vgl. Dehnungshaltung).

unten: Das Pferd muss den Rücken loslassen (die Dehnungshaltung unter dem Reiter erreichen).

Koordination: Seitwärts im 90°-Winkel über eine Stange.

Koordination: Vorwärts durch das L – eine »Abwendehilfe« für junge Pferde.

Hinterhand kann zu solchen schmerzhaften Verspannungen in Rücken und Hals führen.
Ein Festklammern mit den Knien und ein ständiges »Anziehen des Kreuzes«, also ein Reiten mit dauernd abgekipptem Becken bewirkt das Gleiche auf der Ebene des Reiters.
Das Pferd ist nicht in der Lage, den Rücken loszulassen, wenn es durch einen steifen Reiter behindert wird. Und der Reiter hat Schwierigkeiten, losgelassen zu sitzen, wenn das Pferd den Rücken blockiert. Irgendwo muss dann dieser Teufelskreis durchbrochen werden. Longenarbeit und die Trab-Arbeit auf gebogenen Linien im Leichttraben sind gute Ansatzpunkte.
Ist der Reiter jedoch nicht in der Lage, unabhängig zu sitzen und sich selbst zu entspannen, so kann er ein Pferd nicht locker reiten – und schon gar nicht ein Pferd mit festgehaltenem Rücken entspannen. In solchen verfahrenen Situationen hilft dann oft nur noch Sitzschulung des Reiters auf fremden Pferden und Korrektur/Entspannung des Pferdes in der Biegung durch einen erfahrenen, gut sitzenden Reiter.

Koordinationsübungen, wie sie zum Beispiel in Trailprüfungen der Westernreiter verlangt werden, sind ein gutes Mittel, um das Pferd im Schritt zu entspannen und auf die Hilfen des

Reiters zu sensibilisieren. Zudem helfen sie dem Reiter, seine Hilfen hinsichtlich Timing und Intensität zu koordinieren. Durch das langsame Tempo in den Basis-Trailhindernissen hat er immer genug Zeit, sich »neu zu sortieren«.
Damit kommen wir zu den Punkten 2b bis 2d.

Ziel 2b: Koordinationsübungen für Reiter und Pferd:

Trail, Stangenarbeit und Gymnastiksprünge

Trailhindernisse im Schritt erfordern im Allgemeinen keine Biegung des Pferdes. Sie sind deswegen zur eigentlichen Gymnastizierung nicht gut geeignet. Sie sind jedoch hervorragend geeignet, die Gymnastizierungsarbeit vorzubereiten, die Aufmerksamkeit und Konzentration des Pferdes auf die Signale des Reiters zu fördern und eine Feinabstimmung der Reiter-Hilfen zu erreichen – kurz die Koordination von Pferd und Reiter zu verbessern. Zudem verhindert die Konzentration auf eine externe Aufgabe, die Bewältigung eines Hindernisses, in vielen Fällen, dass Reiter und Pferd zu sehr mit ihren eigenen Unzulänglichkeiten kämpfen.

Die Basis-Trailhindernisse werden fast immer im Schritt geritten, beinhalten jedoch Kombinationen aus Vorwärts-, Seitwärts- und Rückwärtsbewegungen (Vor- und Hinterhandwendungen inbegriffen), die in engeren Hindernissen zentimetergenaues Manövrieren der Pferdebeine erforderlich machen. Das erfordert Koordinationsfähigkeit und extreme Aufmerksamkeit von Reiter und Pferd.
Neben den Vorwärts-Seitwärts-Bewegungen in den Seitengängen mit maximal 45° Abstellung von der Geraden (siehe 2c) gibt es in den Trailhindernissen auch reine Seitwärtsbewegungen – z.B. tritt das Pferd 90° seitwärts mit einer Stange zwischen Hinter- und Vorderbeinen.
Trailübungen müssen sinnvoll gestaffelt und vorbereitet werden. Ein Pferd, welches z.B. den seitwärtstreibenden Schenkel nicht kennt, kann natürlich nicht seitwärts über eine Stange geritten werden.

Vorübung zur Sensibilisierung des Pferdes auf die Hilfen

Eine gute Vorübung zur Sensibilisierung des Pferdes auf die Hilfen ist folgende. Sie erfordert eine Kombination aus Schenkelweichen und Vorhandwendung (siehe auch 2d und »Übersicht Seitengänge«) und ist sowohl für Trailhindernisse als auch für die Seitengänge nützlich:
Reiten Sie ein Schenkelweichen an der langen Seite z.B. auf der linken Hand. Das Pferd ist dabei nach außen zur Bande gestellt (nach rechts). Sie treiben mit dem rechten Schenkel die Hinterhand etwas nach innen in die Bahn herein (anfangs nicht mehr als 45°-Abstellung). Nun kontrollieren Sie mit dem Einsatz des äußeren (linken) Zügels die Abstellung des Pferdes und die Vorwärtstendenz. Je mehr Sie den äußeren Zügel annehmen, umso langsamer wird das Pferd und umso stärker ist die Abstellung der Hinterhand nach innen (bis zu 90° – die Sie für einige Trailhindernisse brauchen). Blockieren Sie die Vorwärtsbewegung komplett und treiben mit dem rechten Schenkel weiter seitwärts, so führt das Pferd schließlich eine Wendung auf der Vorhand aus. Wenn es damit fertig ist, steht es mit dem Kopf in Gegenrichtung (auf der rechten Hand). Nun reiten Sie wieder im Schritt an und

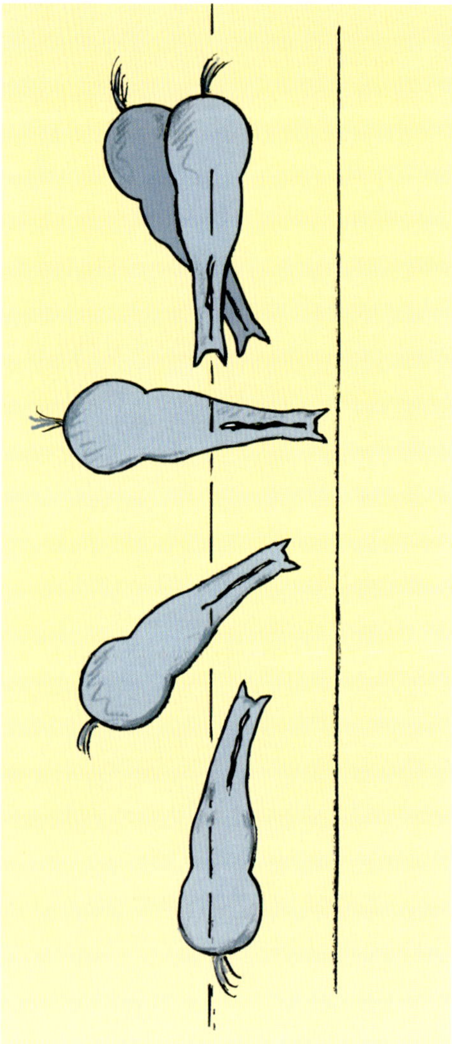

Koordinationsübung zur Abstimmung der Stärke von Zügel- und Schenkelhilfen.

machen das Gleiche auf der rechten Hand. Abstellen nach links zur Bande, seitwärts Treiben mit dem linken Schenkel, Begrenzen der Vorwärtsbewegung mit dem rechten (äußeren) Zügel, bis das Pferd wieder eine Vorhandwendung ausführt. Mit der Zeit bekommen Sie ein Gefühl dafür, wie wenig Druck und Veränderung mit Zügel und Schenkel es braucht, um eine Reaktion des Pferdes zu bekommen. Üben Sie dies jedoch nicht zu oft hintereinander in gleicher Art, sondern modifizieren Sie die Länge der Schenkelweichen-Abschnitte mit verschieden starken Abstellungen, sonst greift das Pferd Ihren Hilfen vor nach dem Motto: »Ich weiß was kommt.« Es ist jedoch nicht Sinn der Übung, dass das Pferd den Ablauf auswendig abspult; es soll statt dessen aufpassen, was Sie in jeder einzelnen Sekunde von ihm wollen.

Versuchen Sie nicht, das Pferd mit dem inneren Zügel herumzuziehen; der äußere Zügel kontrolliert den Grad der Abstellung, nicht der innere. Ziehen Sie einfach nur am inneren Zügel, wird das Pferd im Schenkelweichen nicht übertreten, sondern nur den Hals abknicken und ansonsten geradeaus über die Schulter laufen.

Für alle späteren Seitengänge (2d) ist das Gefühl für die Kontrollwirkung des äußeren Zügels, das Sie mit dieser Vorübung erlangen, von entscheidender Bedeutung.

Stangen-L rückwärts und Stangen-T für die Verbesserung der Koordination

Sehr schöne Koordinationshindernisse sind das Stangen-L und das Stangen-T.

Das T verlangt eine Kombination aus 90°-Seitwärtsbewegung, Vor- und Hinterhandwendung. Für das T beginnen Sie mit einer einfachen Stange, über die das Pferd durch Einsatz des seitwärts treibenden Schenkels bei starker Kontrolle der Vorwärtsbewegung durch den äußeren Zügel seitwärts tritt (siehe auch Vorübung).

Die »Pause-Übung«

Sorgen Sie dafür, dass Sie das Pferd an jeder Stelle über der Stange anhalten können. Dazu arbeiten Sie am besten anfangs mit Stimme (Halt

Koordinationsübungen

sensibilisieren Reiter und Pferd auf minimale Hilfen und ermöglichen zentimetergenaue Steuerung der einzelnen Körperteile des Pferdes.

oder Ho). Konditionieren Sie später Ihr Pferd darauf, dass es immer dann stehen bleibt, wenn Sie den Zügel loslassen und nur weiter geht, wenn Sie den Zügel wieder annehmen. Dazu lassen Sie nach dem verbalen Kommando zum Anhalten die Hände sinken und den Zügel etwas durchhängen. Entspannen Sie auch Ihren Oberkörper/Ihren Sitz, wenn Sie die Hände sinken lassen. Sie signalisieren damit dem Pferd »Pause«. Das Pferd soll später im Hindernis immer anhalten, wenn es keinen Zügelkontakt mehr spürt. Damit bringen Sie Ruhe in den Ablauf und ins Pferd. Viele Pferde neigen nämlich dazu, eine Trailübung möglichst schnell hinter sich bringen zu wollen und rennen hektisch durch das Hindernis. Das macht sie in kniffligen, engen Passagen ziemlich unkontrollierbar. Mit der oben beschriebenen »Pause-Ubung« können Sie es immer anhalten und beruhigen, wenn es hektisch werden sollte.

Vor- und Hinterhandwendung

Üben Sie Vor- und Hinterhandwendung für das T einzeln.

Die Vorhandwendung haben Sie schon bei der ersten Koordinationsübung bewältigt.

Eine Besonderheit der Vorhandwendung wie auch des Schenkelweichens als reine Sensibilisierungsübung auf den Schenkeldruck ist, dass das Pferd nicht unter das Gewicht des Reiters läuft. Oft sitzt der Reiter sogar leicht gegen die Bewegungsrichtung. Prinzipiell widerspricht das der Gleichgewichtstheorie, nach der das Pferd in jeder Wendung immer unter das Gewicht des Reiters läuft. Deswegen werden Schenkelweichen und Vorhandwendung tatsächlich nur als frühe Koordinationsübung gebraucht und sinnvollerweise mit fortschreitender Gymnastizierung des Pferdes aus der Arbeit verbannt.

Die Hilfen der Hinterhandwendung gehen wieder konform mit der Gleichgewichts-Theorie.

Bei der Hinterhandwendung läuft das Pferd, wie beim einfachen Abwenden, unter das Gewicht des Reiters. Prinzipiell ist die Hinterhandwendung nichts anderes als eine normale Wendung ohne Vorwärtstendenz. Das innere Hinterbein ist dabei der Drehpunkt, soll jedoch normalerweise

Hinterhandwendung mit der Minimalhilfengebung am losen Zügel – das Pferd reagiert weitgehend auf Gewichtsverlagerung.

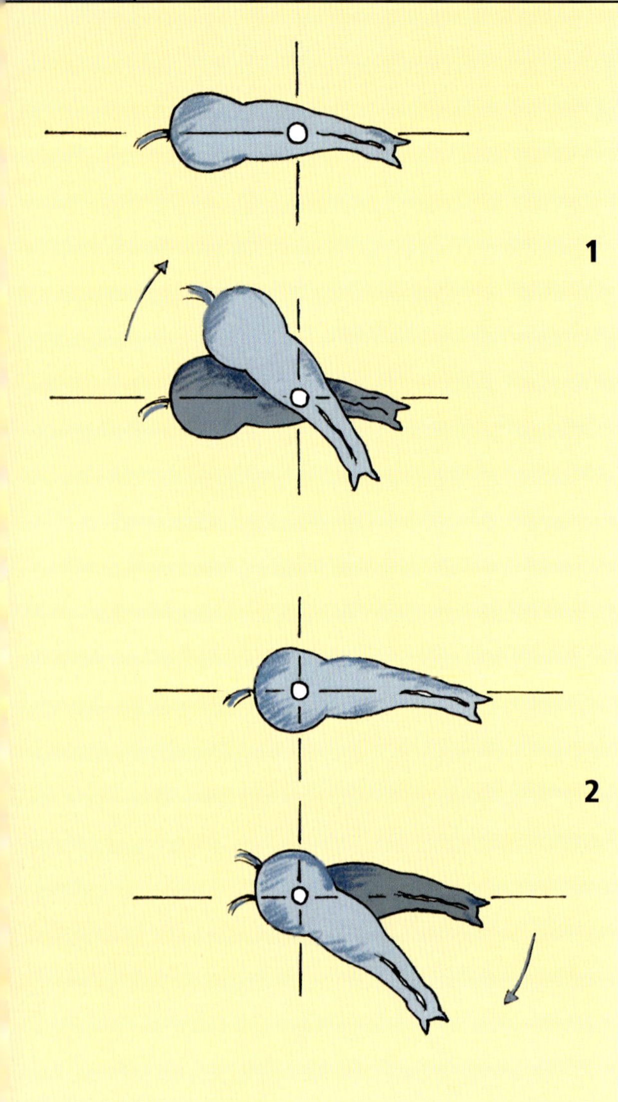

1. Die Vorhandwendung mit Drehpunkt inneres Vorderbein.
2. Die Hinterhandwendung mit Drehpunkt inneres Hinterbein.

auf der Stelle mittreten und nicht auf dem Boden »festkleben«. (Ausnahmen gibt es hier beim Spin der Westernreiter – einer schnellen Hinterhandwendung im Trab, bei der das innere Hinterbein als Drehpunkt weit unter den Schwerpunkt des Pferdes geschoben wird und stehen bleibt.)

Auch hier begrenzt der äußere Zügel wieder die Vorwärtsbewegung – und zwar so stark, dass die Vorhand einen Kreisbogen um die Hinterhand läuft. Dabei soll das äußere Vorderbein das innere vorne überkreuzen. Das »Vorne-Überkreuzen« ist für die normale Hinterhandwendung wichtig, da eine minimale Vorwärtstendenz verhindert, dass das Pferd festklemmt und in Form einer »Mittelhandwendung« irgendwie auf der Stelle kreiselt. Bei der Hinterhandwendung ist es noch wichtiger als bei der Vorhandwendung, den Hals des Pferdes auf keinen Fall mit dem inneren Zügel in die Wendung hereinzuziehen. Der innere Zügel ist nur dazu da, dem Pferd eine leichte Stellung zu geben. Alles andere wird durch Gewichtsverlagerung und äußeren Kontrollzügel erledigt.

Eine Hinterhandwendung nach rechts:

Reiten Sie aus dem Halten einen oder anfangs auch mehrere Schritte vor. Führen Sie mit der rechten Hand den Zügel seitlich etwas heraus (bei einem jungen Pferd stärker). Treten Sie den rechten Bügel stärker aus, so dass Sie Ihr Gewicht deutlich auf den inneren (rechten) Gesäßknochen bekommen. Bleiben Sie mit dem Oberkörper gerade und hinten. Drehen Sie Ihren Kopf stark in die Wendung hinein. Das Pferd wird jetzt die Tendenz haben, im Schritt nach rechts abzuwenden. Jetzt nehmen Sie den linken Zügel an, so dass Sie die Vorwärtstendenz des Pferdes begrenzen. Übrig bleibt die Seitwärtstendenz nach rechts und das Pferd wird einen ersten Schritt zur Seite machen.

Stellen Sie jedoch das Pferd zu stark im Hals nach innen (rechts) und fehlt der linke (äußere) Kontrollzügel, so weicht das Pferd mit der Hinterhand nach links aus – und das Ganze gerät wieder zur Mittelhandwendung.

Das Ausweichen der Hinterhand nach links können Sie teilweise mit einem Anlegen des linken Schenkels bzw. einem Schenkeldruck hinter dem Gurt (also etwas weiter hinten als zum Vorwärtstreiben) verhindern. Der Schenkeldruck ist jedoch nicht so effektiv wie das richtige Annehmen des äußeren Kontrollzügels und kann diesen nur unterstützen.

Verschiedene Arten der Hinterhandwendung

Für die dressurmäßige, gymnastizierende Hinterhandwendung soll das Pferd mit dem äußeren Vorderbein das innere Vorderbein überkreuzen und in einer flüssigen Bewegung ohne Stockung bleiben. Das Überkreuzen und weite seitliche Ausgreifen macht dabei die gymnastizierende Wirkung aus.

Für die Hinterhandwendung im Trail ist es hingegen sinnvoll, mit »halben Tritten« zu arbeiten

Verschiedene Hinterhandwendungen

- **Im Schritt/Schritt-Pirouette: Das innere Hinterbein tritt aktiv mit, das äußere Vorderbein überkreuzt.**
- **Im Trail: mit »halben Tritten« ohne Überkreuzen der Vorderbeine.**
- **Im trabartig gelaufenen Spin: Das innere Hinterbein ist Drehpunkt und steht weit unter dem Bauch.**
- **In der Galopp-Pirouette: als gesprungene Hinterhandwendung um mindestens 360° in möglichst vielen Sprüngen.**
- **Im Rollback: einer in einem Sprung gesprungenen Hinterhandwendung um 180°.**

oben: Der gelaufene Spin nach links mit weitem Ausgreifen des linken Vorderbeines.
unten: Der Rollback nach links mit deutlich untergeschobenem inneren Hinterbein.

Die Hinterhandwendung im T.

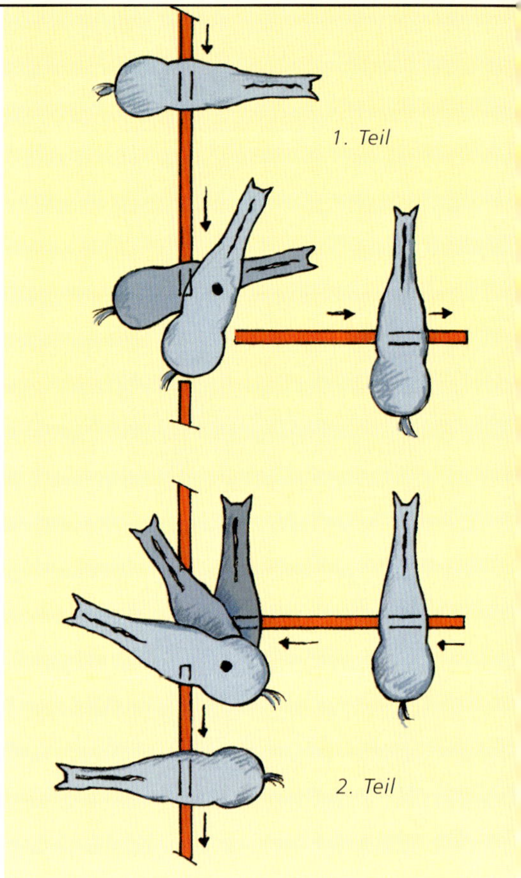

Der Ablauf im T.

und das ganze etwas langsamer zu reiten, um die Feinsteuerung zu ermöglichen.

Fordern Sie also einen Tritt mit dem inneren Vorderbein zur Seite und geben Sie dann die »Pause«-Hilfe (Zügel weg, Oberkörper entspannen – s.o.). Holen Sie dann das äußere Vorderbein nach – wieder Pause – inneres Vorderbein – Pause – äußeres Vorderbein – Pause – usw. Die meisten Pferde überkreuzen auf diese Weise nicht mit den Vorderbeinen, sondern ziehen immer nur das äußere Vorderbein nach (stellen es neben das innere). Die gymnastizierende Wirkung entfällt dabei zugunsten besserer Feinkontrolle.

(Für eine gute Allroundausbildung muss das Pferd später beide Arten der Hinterhandwendung beherrschen – zur gymnastizierenden Hinterhandwendung mehr in 2d.)

Beherrscht das Pferd Hinterhandwendung, Vorhandwendung, Seitwärts über eine Stange und die Pause-Übung, dann können Sie das T als Kombination in Angriff nehmen (siehe Ablauf-Zeichnung T).

Achten Sie darauf, immer schön langsam mit vielen Pausen zu reiten, besonders bei den Übergängen von der Seitwärtsbewegung zu Vor-, bzw. Hinterhandwendung. Dehnen Sie jedoch die

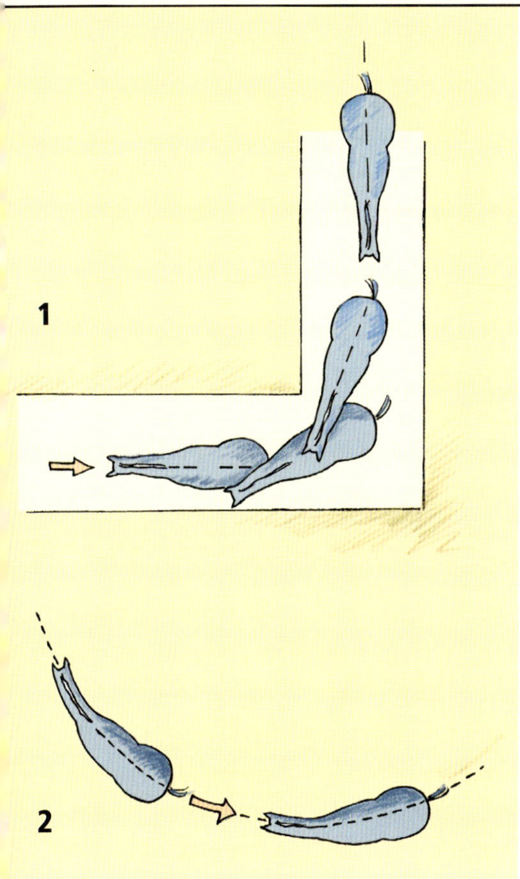

1. Der Ablauf im L.
2. Das gebogene Rückwärstrichten.

Rückwärts um die Ecke im L.

Pausen mit zunehmender Routine und Sicherheit nicht zu lange aus, so dass das Pferd während der Gesamtübung schließlich im – langsamen – Bewegungsfluss bleibt.

Das L

Im Stangen-L wird eine 90°-Wendung in der Rückwärtsbewegung verlangt, jedoch nicht in Form einer Vorhandwendung, sondern durch eine Aneinanderreihung von Elementen der Vorhandwendung und der Hinterhandwendung.

Für die Bewältigung des L muss das Pferd schon auf minimale Hilfen geradeaus rückwärts gehen und auch wieder die Pause-Hilfe beherrschen. Im 90°-Knick des L kommt dann das Lenken rückwärts hinzu. Die Rückwärts-Wendung ist jedoch tatsächlich eher eine Art Mittelhandwendung, da bei einer reinen Vorhand- oder Hinterhandwendung das Pferd auf die begrenzenden Stangen treten würde.

Die Rückwärtsbewegung in der Wendung sieht etwa so aus: Die Hinterhand einen Schritt seitwärts treiben (Vorhandwendung) – 1 Schritt geradeaus rückwärts – die Vorhand einen Schritt in die Gegenrichtung seitwärts treiben (Hinterhandwendung) – 1 Schritt geradeaus – Hinterhand wieder seitwärts – geradeaus – Vorhand in Gegenrichtung seitwärts – geradeaus – usw. bis

Gymnastiksprünge

die 90-Grad-Wendung erfolgt ist, dann rückwärts geradeaus (siehe Zeichnung und Foto S. 113).

Die Palette der koordinationsfördernden Hindernisse sieht zudem Cavalettiarbeit in Trab und Galopp ähnlich den Übungen bei der Springgymnastik vor.
Kleine Gymnastiksprünge sind abschließend geeignet, die Hinterhand zu aktivieren und den Rücken des Pferdes zu entspannen.
Stangenarbeit und kleine Sprünge fordern eine schnelle Schwerpunktanpassung des Reiters und fördern so dessen Reaktion und Beweglichkeit.

Ziel 2c: Erziehung und Angstbewältigung

Zudem können Sie mit Trailübungen auch einen guten Teil des Angstbewältigungs-Programmes abhandeln (z.B. wenn das Pferd lernt, über Plastikplanen, Wippen und durch Flattertore zu gehen). Besonders »angstbesetzte« Hindernisse wie z.B. das Überwinden der Wippe sollten immer an der Hand vorbereitet werden. So braucht der Reiter keine Angst vor dem Herunterfallen zu haben, falls das Pferd wegspringen sollte, und kann viel souveräner agieren. Das fördert das Vertrauen des Pferdes in den Menschen – und schließlich umgekehrt des Menschen in das Pferd. Angstbewältigungs-Übungen sind ohne weiteres auch mit ganz jungen Pferden möglich, die noch gar nicht geritten werden. Das »Aussacken« des jungen Westernpferdes vor dem ersten Satteln und Aufsitzen gehört in diese Kategorie.

Ein durchdachtes Erziehungs- und Angstbewältigungs-Programm erleichtert sowohl das Anreiten als auch die spätere Arbeit unter dem Sattel ungemein, da nach erfolgreicher Absolvierung des Programms

1. völlig klar ist, wer »weisungsbefugt« ist (der Mensch) und wer gehorchen muss (das Pferd),
2. das Pferd dem Menschen in allen Situationen vertraut,
3. das Pferd für den Menschen berechenbar und kontrollierbar wird.

Jede Art von Angsbewältigungs-Programm läuft im Prinzip nach dem gleichen Schema ab.
Das Pferd wird mit einem Angst auslösenden Gegenstand berührt (Aussacken) bzw. einer Angst erzeugenden Situation konfrontiert (z.B. soll es über eine Plane oder in den Hänger gehen).
Es darf sich dabei aufregen, es darf wegspringen (im Rahmen eines evtl. verwendeten Führstrickes oder im Roundpen), es darf einen wilden Tanz aufführen – solange es den Menschen dabei nicht umrennt oder anrempelt (das würde näm-

Angstbewältigung

Angstbewältigungs-Übungen müssen sorgfältig vorbereitet und gut durchdacht sein, sonst erfüllen sie ihren Zweck nicht und können gefährlich für Mensch und Pferd werden. Gelingt es dem Menschen nicht, seine Forderung dem Pferd gegenüber durchzusetzen, so schafft er sich ein Problem statt eines zu lösen.

lich dessen Rang als Alphatier verletzen). Der Mensch macht nun solange mit der Übung weiter, bis das Pferd nicht mehr panisch wegspringt, sondern beginnt, sich mit der Situation abzufinden bzw. den Gegenstand als ungefährlich zu begreifen. Dabei muss er allerdings einige wichtige Sicherheits- und Verhaltensregeln einhalten, damit weder er noch das Pferd dabei zu Schaden kommen und damit das Ganze auch erfolgreich im Sinne eines Vertrauensaufbaus abläuft und nicht zum sinnlosen Kampf ausartet.

Vorbereitung der Übungen

1. Stellen Sie sich die Frage: Was wollen Sie erreichen, was soll das Pferd lernen?
(Beispiel: Es soll über eine Plastikplane laufen, um die Angst vor »unsicheren«/unbekannten Untergründen zu verlieren.)
2. Wählen Sie ein Übungsgelände aus; sorgen Sie dafür, dass sich keine scharfen Ecken und Kanten, tief hängende Äste, Stacheldraht oder

Plastikplane und Wippe als Angstbewältigungsübungen: Das Pferd lernt, »unsicheren Grund« zu überqueren, ohne sich aufzuregen. Nach einigen Übungen dieser Art wird das Pferd vertrauensvoll überall hingehen, wohin der Mensch es schickt (oder reitet).

sonstiger Müll in Reichweite des Pferdes befinden (Verletzungsgefahr minimieren).

2.a. Schützen Sie notfalls die Beine des Pferdes mit Gamaschen, wenn Sie große Schwierigkeiten befürchten.

2.b. Arbeiten Sie selbst auf jeden Fall mit Handschuhen und tragen Sie feste Schuhe (am besten mit Stahlkappe vorne).

3. Arbeiten Sie allein mit dem Pferd. Andere Personen oder Pferde sollten sich nicht in der Gefahrenzone aufhalten. (Zur Sicherheit kann jedoch ein Helfer außerhalb stehen, der notfalls eingreift.)

4. Sorgen Sie dafür, dass Sie unbegrenzt Zeit zur Verfügung haben und eine einmal begonnene Übung nicht aus Zeitmangel abbrechen müssen.

Verhalten des Ausbilders während der Übung

5. Legen Sie einen Weg fest, den das Pferd einschlagen soll und machen dann dem Pferd alle anderen Wege unbequem. (Beispiel Plane: der bequeme Weg führt mitten über die Plane, alle anderen Wege – seitwärts dran vorbei, rückwärts etc. – werden mit unangenehmem »Rucken« am Halfter bedacht.)

6. Lassen Sie dem Pferd einen Ausweg. Wenn Sie das nicht tun und verbauen den einzigen Ausweg neben dem angstbesetzten Weg mit Ihrem Körper, so riskieren Sie, dass ein panisch reagierendes Pferd Sie umrennt.

7. Arbeiten Sie auf Distanz am möglichst langen Strick und bleiben aus der Gefahrenzone (Hufe) heraus.

8. Bleiben Sie in allen Situationen ruhig und souverän – im Gegensatz zum Pferd soll und darf sich der Mensch nicht aufregen oder gar hektisch herumspringen.

9. Konzentrieren Sie sich voll aufs Pferd und auf die Aufgabe (nicht nebenbei ein Schwätzchen mit Zuschauern halten).

Biegung

Gleichmäßige Biegung auf beiden Seiten ist die Voraussetzung für das Geraderichten und ein wichtiges Korrekturinstrument für viele Probleme.

10. Verlangen Sie die volle Konzentration des Pferdes. Es darf seine Aufmerksamkeit nicht von der verlangten Aufgabe abziehen und in der Gegend herumschauen. (Am Beispiel Plane bedeutet das: sobald es die Plane und den Weg, den es darüber gehen soll, nicht mehr anschaut, sondern zur Seite nach einem Grashalm schielt, folgt ein warnender Ruck am Halfter, der auch ruhig mal weh tun darf (bei unsensiblen Pferden evtl. Führkette oder Knotenhalfter benutzen).
11. Ruhepausen fürs Pferd (loser Strick und Aussetzen aller Forderungen für 1–2 Minuten) gibt es nur, wenn es einen Schritt in die richtige Richtung macht (z.B. den ersten Fuß auf die Plane setzt).
12. Lassen Sie sich nicht vom Pferd ärgern. Wütendes Verprügeln ist tabu. Ahnden Sie nur stur jeden Schritt in die falsche Richtung durch unbequemes Rucken am Halfter. Und belohnen Sie jeden Schritt in die richtige Richtung durch eine Pause (durch ein Aussetzen der Hilfen).
13. Setzen Sie Ihre ursprüngliche Forderung auf jeden Fall durch; ein Teilerfolg (z.B. fürs Erste nur zwei Füße auf der Plane) ist notfalls akzeptabel. Wenn Sie aufhören wollen oder müssen, und das Pferd hat erst zwei Füße auf der Plane, so schicken Sie es zurück und beenden die Übung damit. Lassen Sie nicht das Pferd entscheiden, wann Schluss ist, indem es einfach von sich aus rückwärts von der Plane heruntergeht.)

Lässt sich das Pferd über Planen, Wippen oder sonstige Bodenhindernisse bugsieren, ohne sich aufzuregen, so ist auch das Einsteigen in den Hänger nur ein weiteres Hindernis, das in gleicher Form gehandhabt wird.

Hat das Pferd die Angst vor einer bestimmten Übung an der Hand verloren, so können Sie im Allgemeinen auch unter dem Sattel damit rechnen, dass es keine Schwierigkeiten macht und brauchen die Übung nur noch nachzureiten.

Ziel 2d: Geraderichten durch Biegeübungen

Das Pferd muss geradeaus gehen und mit beiden Hinterbeinen gleichviel Gewicht aufnehmen. Biegung ist die Grundlage der Gymnastizierung und des Geraderichtens, weil durch gleichmäßige Biegearbeit beide Hinterbeine gleich stark werden und die natürliche Schiefe überwunden wird.

Nur ein Pferd, welches sich biegen lässt, kann letztendlich gerade gerichtet werden.
Losgelassenheit und Biegung greifen Hand in Hand: Ein Pferd mit festgehaltenem Rücken lässt sich nicht biegen. Ein richtig gebogenes Pferd kann den Rücken nicht festhalten. Erreichen Sie also die Biegung, so bekommen Sie auch die Losgelassenheit dazu. Biegung ist also das Korrekturinstrument schlechthin für Pferde, die den Rücken nicht loslassen.
Biegen können Sie das Pferd in jeder Ecke der Reitbahn, auf dem Zirkel, in Volten, in Schlangenlinien – also auf jeder gebogenen Linie, die Sie reiten.

Biegung auch bei der Bodenarbeit. Schenkel- und Gewichtshilfen müssen hierbei durch Peitsche und Stimme ersetzt werden.

Auf allen gebogenen Linien gilt: Das Pferd muss in seiner gesamten Längsachse (vom Genick bis zu den Schweifwirbeln) gleichmäßig gebogen sein (siehe Abbildung rechts oben). Das innere Hinterbein muss in die Spur des inneren Vorderbeines treten, das äußere Hinterbein in die Spur des äußeren Vorderbeines.

Grundlage jeder erfolgreichen Pferdeausbildung ist die korrekte Biegung.

Um sie zu erreichen, braucht der Reiter das Zusammenwirken verschiedener aktiver und passiver Hilfen:

Hilfenkombination für die Biegung

Die aktiven Hilfen verursachen das Abwenden des Pferdes. Es sind:

1. Gewichtsverlagerung nach innen in Richtung der Wendung (inneren Gesäßknochen belasten: Bügel etwas stärker austreten, Kopfdrehung nach innen – in Bewegungsrichtung)
2. Stellung des Pferdes in die Wendung mit dem seitwärts wirkenden, inneren Zügel.

Die passiven Hilfen verhindern, dass das Pferd sich der Biegung entzieht. Es sind:

3. Das Annehmen des äußeren Zügels, der die Stärke der Abstellung des Pferdehalses begrenzt (so dass das Pferd nicht nur im Hals abknickt und im restlichen Körper gerade bleibt). Der angenommene äußere Zügel verhindert vor allem, dass das Pferd über die äußere Schulter nach außen aus der Wendung heraus drängelt.
4. Der äußere Schenkel »hinter dem Gurt«, der bei Bedarf verhindert, dass das Pferd mit der Hinterhand nach außen ausfällt.
5. Der innere Schenkel »am Gurt«, der verhindert, dass das Pferd über die innere Schulter in die Wendung »hineinkippt«.

Kriterien für korrekte Biegung

- **Das Pferd ist in seiner gesamten Längsachse gleichmäßig gebogen (keine Brüche im seitlichen Spannungsbogen).**
- **Es bleibt auch in der Biegung im Takt.**
- **Es drängt weder aus der Wendung heraus noch kippt es hinein.**

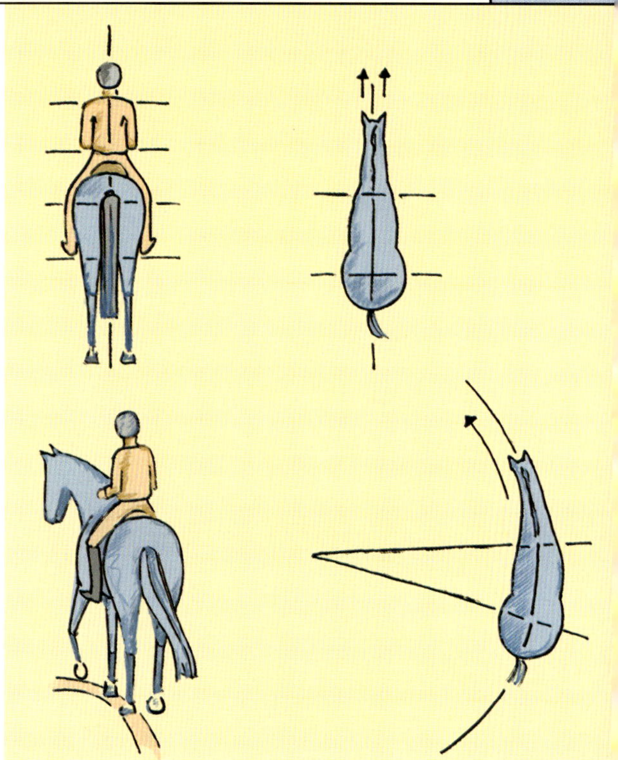

In schnelleren Wendungen wirken starke Fliehkräfte, die durch Schräglage ausgeglichen werden müssen.

Die passiven, verwahrenden Hilfen werden nur bei Bedarf eingesetzt. Schenkel und äußerer Zügel bleiben in »Hab-Acht-Stellung« ohne Druck am Pferd, solange dieses keine »Ausweichmanöver« vornimmt. Sie werden sofort zu aktiven Hilfen, wenn es sich der Biegung entziehen will.

Je höher Tempo und Gangart des Pferdes, desto stärker wirken die Fliehkräfte auf das Pferd, wenn gebogene Linien zu schnell und ohne ausreichende Längsbiegung des Pferdes geritten werden. Deswegen ist eine Galoppvolte auch nur mit einem schon gut trainierten Pferd möglich.

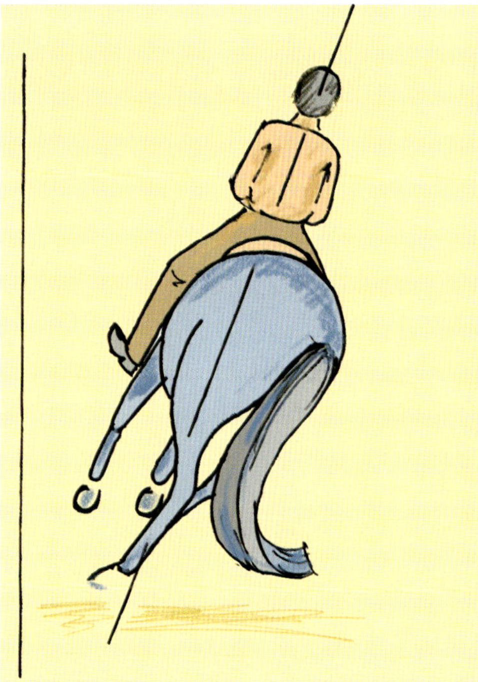

Auf jeder gebogenen Linie muss das innere Hinterbein des Pferdes verstärkt arbeiten und unter den Schwerpunkt treten (vorausgesetzt es entzieht sich nicht der gleichmäßigen Längsbiegung). Arbeitet man das Pferd konsequent so, dass es sich auf beiden Seiten gleich gut biegt, so tritt auch das jeweilige innere Hinterbein gleich weit unter.

Treten beide inneren Hinterbeine auf der gebogenen Linie jeweils gleich gut unter, so tun sie

Travers mit stark gebogenem Pferd.

Korrektes Schulterherein mit wenig Abstellung.

das schließlich auch auf geraden Linien: Das Pferd ist gerade gerichtet.

Seitengänge als Sonderform der Biegung

Eine Sonderform der Biegung sind die Seitengänge – Schulterherein, Konterschulterherein, Travers, Renvers und schließlich die Traversale. Das Schenkelweichen zähle ich nicht wirklich zu den Seitengängen. Es verlangt wenig bis keine Biegung und dient – wie auch die Vorhandwendung – nur dazu, das Pferd auf den seitwärts treibenden Schenkel zu sensibilisieren bzw. die Koordination des Reiters für die eigentlichen Seitengänge zu entwickeln (siehe voriger Abschnitt 2b).

Das Prinzip der Hilfengebung in den Seitengängen unterscheidet sich wenig von den Hilfen für einfache gebogene Linien (Zirkel, Volten).

Eine Galopptraversale nach links mit einhändige Zügelführung: Das Pferd reagiert auf den äußeren (Kontroll-)Zügel und den diagonalen Sitz der Reiterin (Gewichtshilfe).

Den Hauptunterschied kann man folgendermaßen benennen:

Auf **gebogenen Linien** geht das Pferd in einer Längsbiegung, die genau der gebogenen Linie entspricht. Es geht in Bewegungsrichtung gebogen. In den **Seitengängen** stimmen Bewegungsrichtung und Ausrichtung der Längsbiegung nicht überein.

Man kann sagen: In den Seitengängen geht das Pferd gebogen geradeaus. Seine Biegung und Abstellung von der Geraden – oder sagen wir besser von der Bewegungsrichtung – wird durch die Reiterhilfen festgelegt. »Geradeaus« kann deswegen neben der langen Seite der ganzen Bahn oder der Diagonalen auch die Zirkellinie bedeuten.

Beispiel: Schulterherein auf der rechten Hand an der langen Seite

Das Pferd ist etwa 30 bis 45° von der Bewegungsrichtung (= geradeaus, ganze Bahn) nach innen/rechts abgestellt und gebogen. (Die Schulter des Pferdes wird in die Bahn herein gestellt.) Die Hinterhand bewegt sich auf dem ersten Hufschlag, die Vorhand auf dem zweiten. Das innere Beinpaar überkreuzt das äußere Beinpaar. Wird das Schulterherein auf der Zirkellinie geritten, so wird die Schulter des Pferdes von der Zirkellinie aus nach innen hereingenommen. Die Zirkellinie entspricht der Bewegungsrichtung.

(Konterschulterherein heißt die Übung, wenn sie – praktisch gespiegelt – mit der Hinterhand auf dem zweiten Hufschlag in Konterstellung geritten wird.)

Beispiel: Travers auf der rechten Hand an der langen Seite

Beim Travers bleibt die Vorhand des Pferdes außen und die Hinterhand wird hereingenommen.

Das Travers heißt auch Kruppeherein, weil die Kruppe des Pferdes auf den zweiten Hufschlag hereingenommen wird. Beim Travers überkreuzt das äußere Beinpaar das innere. Das erfordert eine stärkere Biegung des Pferdes als beim Schulterherein, vor allem eine stärkere Dehnung

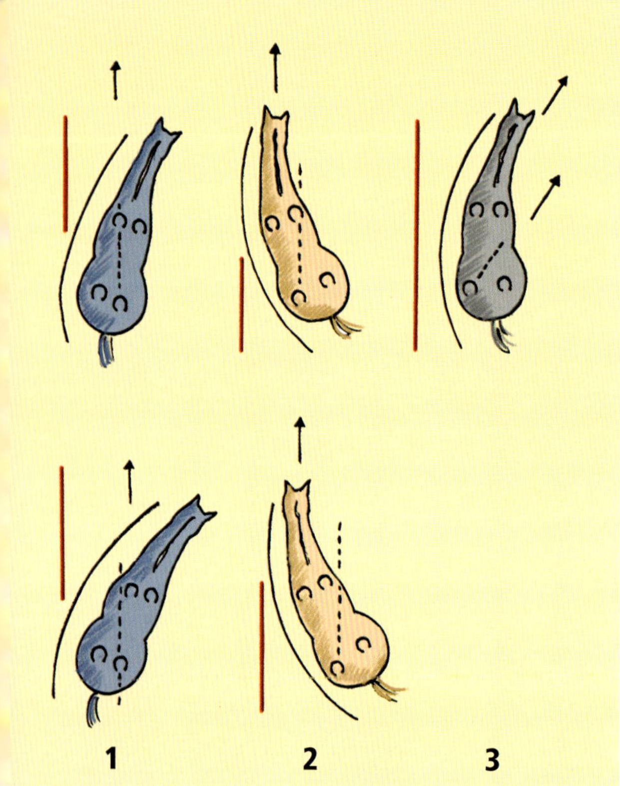

1. Schulterherein auf drei (oben) und vier Hufschlägen – 2. Travers auf drei (oben) und vier Hufschlägen – 3. Traversale (mit diagonaler Bewegungsrichtung)

der äußeren Seite. Renvers heißt die »gespiegelte« Übung (man könnte sie auch Konterkruppeherein oder Kontertravers nennen), wenn sich die Vorhand auf dem zweiten Hufschlag befindet und die Hinterhand außen auf dem Hufschlag (siehe Abbildung).

Die Traversale entwickelt sich aus dem Travers. Dabei geht das Pferd gebogen diagonal. Vor- und Hinterhand bewegen sich auf zwei getrennten diagonalen Linien. Obwohl nur die Gerade – die lange Seite bzw. die Zirkellinie – durch eine Diagonale ersetzt wird, fällt Pferden und Reitern die Traversale oft deutlich schwerer als das Travers. Das liegt zum einen daran, dass in der Traversale die Vorhand vorausgehen soll und zum anderen vermutlich zu einem Großteil an der fehlenden Bande zur Orientierung ...

Beispiel einer Traversale nach rechts:
Bei der Traversale ist die Bewegungsrichtung immer eine Diagonale. Das Pferd bewegt sich (nach rechts) gebogen in Bewegungsrichtung. Die äußeren (linken) Beine überkreuzen die inneren (rechten) nach vorne. Die Traversale erfordert noch bessere Koordination, stärkere Dehnung der äußeren Seite und bessere Beweglichkeit in Schulter und Hinterhand des Pferdes, weil nicht nur die äußeren, sondern auch die inneren Beine sowohl nach vorne als auch zur Seite gesetzt werden müssen.

Das Schulterherein

»Die Biege- und Kontrollübung« schlechthin ist das Schulterherein. Es stärkt das jeweils innere Hinterbein, gymnastiziert das Pferd durch die Längsbiegung und stellt das Pferd an den äußeren Kontrollzügel. Bei allen Schwierigkeiten des Pferdes mit Haltung und Tempo kann ein richtig eingesetztes Schulterherein helfen (siehe auch Kapitel 5).

Mögliche Seitengänge

- **Schulterherein und Konterschulterherein auf drei und vier Hufschlägen**
- **Travers=Kruppeherein und Renvers=Kontertravers=Konterkruppeherein auf drei oder vier Hufschlägen**
- **Traversale**
- **Schenkelweichen (=Vorbereitungsübung)**
- **90°-Seitwärtsbewegung (Trail)**

Seitengänge

- **In den Seitengängen geht das Pferd gebogen geradeaus.**
- **Stellung und Bewegungsrichtung stimmen nicht unbedingt überein.**
- **Seine Biegung und Abstellung von der Geraden bzw. von der Bewegungsrichtung wird durch die Reiterhilfen festgelegt.**
- **»Geradeaus« kann neben der langen Seite der ganzen Bahn oder der Diagonalen auch die Zirkellinie bedeuten.**

Schulterherein kann – wie auch das Travers – auf drei oder vier Hufschlägen geritten werden. Auf drei Hufschlägen treten innerer Hinterhuf und äußerer Vorderhuf in die gleiche Spur. Auf vier Hufschlägen gibt es vier Hufspuren (siehe Abbildung auf Seite 122).

Das Schulterherein auf drei Hufschlägen ist besser geeignet, das innere Hinterbein zu stärken, weil dies vermehrt unter den Schwerpunkt tritt. Auf vier Hufschlägen tritt das innere Hinterbein am Schwerpunkt des Pferdes seitlich vorbei, wird also nicht ganz so stark belastet. Dafür muss das Pferd im Schulterbereich stärker seitlich ausgreifen und übertreten.

Die Hilfengebung am Beispiel des Schulterherein auf der rechten Hand:

Reiten Sie gut gebogen durch die erste Ecke der langen Seite. Tun Sie danach so, als ob Sie auf den Zirkel abwenden wollten: Stellen Sie das Pferd stärker nach rechts, belasten jedoch Ihre Gesäßknochen weiterhin erst einmal gleichmäßig, wie zum Geradeausreiten (also nicht den inneren mehr, wie zum tatsächlichen Abwenden). Sobald das Pferd Anstalten macht, tatsächlich abzuwenden und die Vorhand nach innen nimmt, setzen Sie kurz den inneren Schenkel am Gurt ein, um ihm zu signalisieren: nicht abwenden, sondern nur biegen. Dann nehmen Sie den äußeren Zügel gerade soweit an, dass Sie das Pferd damit in der gebogenen Geradeausbewegung halten. Das Pferd soll sich nicht nach außen umstellen, sondern Kopf und Schulter innen behalten. Ihren eigenen Kopf drehen Sie so, dass Sie geradeaus in Bewegungsrichtung (nicht in Richtung der Biegung und der Kopfstellung des Pferdes) schauen. Damit kommt Ihr Gewicht minimal auf den äußeren (linken Gesäßknochen). Da das Pferd unter Ihr Gewicht laufen soll, bewegt es sich geradeaus und Ihr innerer Schenkel, der das Abwenden des Pferdes anfangs verhindern soll, sollte weitgehend arbeitslos werden.

Die Gewichtsverlagerung des Reiters im Schulterherein wird oft anders gehandhabt. Doch das Gewicht außen – nämlich in Bewegungsrichtung – ist die Art der Hilfengebung, die auf Dauer am wenigsten Aufwand erfordert und der Gleichgewichtstheorie (das Pferd läuft unter das Gewicht des Reiters) am besten entspricht. Würden Sie das Gewicht nach innen verlegen, so müsste Ihr innerer Schenkel (und der äußere Kontroll-Zügel) viel mehr Arbeit aufwenden, um das Pferd daran zu hindern, tatsächlich nach innen abzuwenden. Das ist verschwendete Energie und nicht im Sinne der angestrebten Hilfenminimierung.

Das Travers oder Kruppeherein

Beim Travers überkreuzen die äußeren Beine des Pferdes die inneren. Das erfordert noch mehr

Geschmeidigkeit des Pferdes als das Schulterherein. Um Verwirrung zu vermeiden sollte das Pferd das Schulterherein schon sicher beherrschen, bevor mit dem Travers begonnen wird.
Im Travers ist es das äußere Hinterbein, welches vermehrt Gewicht aufnehmen muss, wenn es schräg unter den Schwerpunkt tritt. Zudem verstärkt sich die Dehnung der äußeren Seite des Pferdes, weil das äußere Beinpaar einen längeren Weg zurücklegen muss, wenn es übertritt.

Beispiel der Hilfengebung für das Travers auf der rechten Hand.

Am einfachsten sind die ersten Travers-Übungen aus einer Volte heraus zu reiten. Reiten Sie in der Mitte der langen Seite auf der rechten Hand eine Volte. Am Ende der Volte, wenn Sie wieder auf dem Hufschlag ankommen, stellen Sie das Pferd nicht gerade, sondern lassen es in der Rechts-Biegung. Dabei bleibt die Vorhand auf dem Hufschlag, die Hinterhand auf dem zweiten Hufschlag. Zum Einleiten der Volte haben Sie verstärkt auf dem inneren Gesäßknochen gesessen. (Passen Sie während der Volte auf, dass Sie Ihren äußeren Gesäßknochen nicht komplett verlieren – also nicht nach innen »hängen«). Zur Einleitung des Travers bei Erreichen des Hufschlages sitzen Sie wieder verstärkt auf dem inneren Gesäßknochen. Ihr Kopf bleibt in Bewegungsrichtung gedreht, nur dass die Bewegungsrichtung jetzt geradeaus zeigt (die lange Seite entlang). Ihr äußerer (linker) Schenkel bekommt nun kurzfristig etwas mehr zu tun, denn er muss (hinter dem Gurt) in Verbindung mit dem äußeren Kontrollzügel verhindern, dass das Pferd mit der Hinterhand auf dem Hufschlag geht. Der innere stellende (rechte) Zügel erhält die Stellung und Biegung des Pferdes aus der Volte

Die diagonale Bewegungsrichtung des Pferdes findet ihre Entsprechung im »diagonalen« Sitz des Reiters.

und »rettet« sie auf die neue Bewegungsrichtung (geradeaus auf der rechten Hand) hinüber, so dass Sie mit der Biegung aus der Volte nun geradeaus reiten. Um sich selbst und dem Pferd die Bewegung zu erleichtern können Sie die innere, rechte Hüfte etwas vorschieben. Ihre innere Schulter bleibt über der Hüfte, wird also auch minimal mit nach vorn genommen. (Damit verhindern Sie gleichzeitig ein fehlerhaftes Rückwärts-Ziehen mit dem inneren Zügel.) Sie sitzen dann leicht diagonal, so ähnlich wie beim Angaloppieren. Der innere (rechte) Schenkel bleibt in Hab-Acht-Stellung und wird am Gurt eingesetzt (in Verbindung mit dem erneut stellenden inneren, rechten Zügel), wenn das Pferd die Stellung und Biegung nach rechts aufgeben will.

Die Traversale

Für die Traversale nach rechts verändert sich nun nur noch die Bewegungsrichtung und der Grad der Abstellung.

Beispiel der Hilfengebung für die Traversale rechts

Auch die Traversale lässt sich gut aus einer Volte entwickeln. Allerdings warten Sie mit der Traversale nicht, bis Sie wieder auf dem Hufschlag sind, sondern reiten eine Kehrtvolte aus der Ecke und traversieren dann auf einer Diagonalen zum Hufschlag zurück (siehe Abbildung).

Reiten Sie also auf der rechten Hand eine Kehrtvolte aus der zweiten Ecke der langen Seite. Erhalten Sie Stellung und Biegung aus der Volte und drehen Sie Ihren Kopf in Richtung des Punktes, an dem Sie wieder an der Bande ankommen wollen (Halbe-Bahn-Punkt). Verhindern Sie mit dem Annehmen des äußeren Kontrollzügels, dass sich das Pferd gerade stellt und in Form einer normalen Kehrtwendung geradeaus zurück auf den Hufschlag läuft. Hängen Sie Ihr Gewicht nicht zu stark nach rechts, sonst bringen Sie das Pferd aus der Balance. Ihr linker Gesäßknochen muss auch in der Traversale nach rechts »spürbar« bleiben.

Das Training der Seitengänge bedingt einen hohen Grad an Geschmeidigkeit und Gehorsam des Pferdes. Es fördert Durchlässigkeit und Anlehnung (vor allem an den äußeren Zügel). Es entwickelt die Tragkraft der Hinterbeine und schafft die Voraussetzung für alle versammelnden Übungen.

Deutlich sichtbare Diagonale in der Trabtraversale. (Das Pferd ist hier allerdings etwas zu tief eingestellt, was bei spanischen Hengsten, bedingt durch den extremen Hals, häufiger zu sehen ist.)

Ziel 3: Durchlässigkeit und Anlehnung erreichen und verbessern

Durchlässigkeit ist die Grundvoraussetzung für die spätere Minimierung aller Hilfen und für richtige Versammlung. Ein durchlässiges Pferd bedeutet Bequemlichkeit für den Reiter, Leichtheit und Eleganz in den Bewegungen des Pferdes, Reiten ohne Kraftaufwand.

Durchlässigkeit des Pferdes ist im Prinzip nichts anderes als eine prompte Reaktion auf jedes Signal/jede Forderung des Reiters. Das Pferd nimmt die Hilfen des Reiters willig an. Durchlässigkeit hängt von einigen Faktoren auf der psychologischen und körperlichen Ebene ab:

1. Der Mensch muss das Pferd fair (und pferdegerecht) behandeln und konsequent erziehen. Artgerecht erzogene Pferde sind mit sich und der Welt zufrieden und haben das Bestreben, ihrem Reiter (dem Alphatier) zu gehorchen und zu gefallen.

1.a. Das Pferd muss Vertrauen zu seinem Reiter und dessen Forderungen/Hilfen haben (es muss wissen, dass er nichts Unmögliches oder Gefährliches verlangt). Das bedeutet auch, dass der Reiter immer genau weiß, was er seinem Pferdeschüler körperlich und psychisch zumuten kann. Er darf das Pferd nicht überfordern, denn jede Überforderung ruft über kurz oder lang Widerstand hervor.

2. Auf der körperlichen Ebene muss das Pferd gut genug trainiert werden, um überhaupt in gewünschter Weise reagieren zu können. Nur ein gut gymnastiziertes Pferd kann in allen Gangarten und Lektionen durchlässig sein. Dem untrainierten Pferd fehlen Kraft, Muskulatur und Technik, um z.B. eine Parade aus schnellerer Gangart (siehe Ziel 5) anzunehmen.

2.a. Das Pferd darf weder seine Energie aus der eigenen Hinterhand noch die Hilfen des Reiters an irgendeiner Stelle blockieren. Dazu ist eine Haltung mit ungebrochenem Spannungsbogen (siehe Abbildung Seite 127) notwendig.
Unterbricht das Pferd den Spannungsbogen im Rücken oder im Hals, wie rechts oben zu sehen, so blockiert es die Einwirkung des Reiters. Die Hilfen »kommen nicht durch«. Das Pferd drückt sich z.B. davor, besser unterzutreten, mehr vorwärts zu gehen oder eine Parade anzunehmen.

Durchlässigkeit ist jedoch nicht gleichbedeutend mit Versammlung (siehe dort). Auch das junge Pferd, welches mit längerem Hals und flacherem Spannungsbogen gehen muss, kann – und soll – durchlässig sein.

Begriffe mit ähnlicher Bedeutung

- **Das Pferd ist durchlässig.**
- **Das Pferd nimmt die Hilfen an.**
- **Das Pferd steht an den Hilfen.**
- **Das Pferd ist gehorsam und rittig.**
- **Das Pferd geht am Zügel.**
- **Der Spannungsbogen ist ungebrochen.**
- **Das Pferd geht über den Rücken.**
- **Das Pferd geht durchs Genick.**
- **Das Pferd ist zusammengestellt.**
- **Das Pferd geht in Haltung.**

Kriterien für ein durchlässiges Pferd

- Die Nasenlinie ist vor der Senkrechten.
- Der Spannungsbogen ist ohne Brüche.
- Das Pferd tritt unter und lässt den Reiter bequem sitzen.
- Es folgt jeder Gewichtsverlagerung sofort.
- Paraden und Tempoverstärkungen nimmt es sofort an.
- Das Pferd geht widerstandsfrei und flüssig rückwärts.

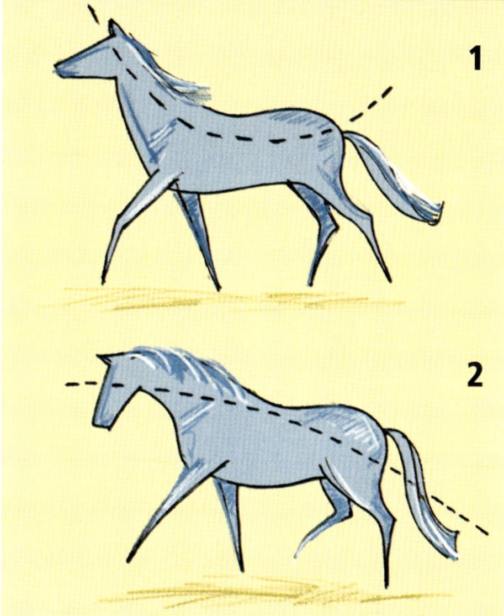

1. Dieses Pferd kann weder durchlässig sein noch Tragkraft entwickeln – sein Spannungsbogen ist im Rücken- und Halsbereich gebrochen (kehrt sich gleichsam um).
2. Dieses Pferd geht mit korrektem Spannungsbogen, die Hinterhand tritt unter, die Bauchmuskeln arbeiten, der Rücken kommt nach oben und ist in der Lage, das Reitergewicht schadensfrei zu tragen.

Der ungebrochene Spannungsbogen und die prompte Reaktion auf Gewichtshilfen (hier in einer Hinterhandwendung nach links) sind Kriterien für ein durchlässiges Pferd.

Ziel 4: Entwicklung von Tragkraft und Schwung

Die Entwicklung von Tragkraft und Schwung geht Hand in Hand mit der Verbesserung der Durchlässigkeit. Je durchlässiger das Pferd ist, je schneller und leichter es also auf die Hilfen des Reiters reagiert, desto besser kann der Reiter die Hinterhand des Pferdes durch gezielte Lektionen aktivieren. Die Entwicklung der Tragkraft zielt auf die spätere Versammlung:
Das Pferd soll vermehrt Gewicht von der Vorhand wegnehmen. Es soll besser untertreten und sich in den Hanken biegen (sich auf die Hinterhand setzen). Das bedingt eine stärkere Entlastung der Vorhand und des Rückens, eine vermehrte Entwicklung der Bauch- und Nierenmuskulatur

oben: Tragkraft in der Reinform – die Piaffe.

unten: Schubkraft pur – die Polopferde müssen schnell beschleunigen und brauchen deswegen vermehrte Schubkraft.

des Pferde und verstärkte Elastizität in der Hinterhand.

Alle Seitengänge sind gut geeignet, die Tragkraft zu verbessern. Besonders jedoch das Schulterherein, bei dem jeweils das innere Hinterbein gezielt zum Untertreten veranlasst wird.

Aktivierung der Hinterhand durch Tempo- und Gangartenwechsel

Tempo- und Gangartenwechsel sowie die kurzen Reprisen Halten-Antraben-Halten oder Halten-Antraben-Rückwärts-Antraben-Halten-Rückwärts-etc. aktivieren die Hinterhand und verbessern die Tragkraft gleichzeitig mit der Durchlässigkeit. Legen Sie bei solchen Übungen Wert darauf, dass das Pferd ohne Verzögerung antrabt und dabei »in Haltung bleibt«, also nicht den Hals hoch- und damit den Rücken wegdrückt. Es muss »über den Rücken« antraben.

Ständige Wechsel zwischen Galopp und Trab (am besten auf dem Zirkel, damit Ihnen das Pferd nicht geradeaus »wegläuft«) sind ein gutes Mittel, um das Pferd auf die Hilfen zu sensibilisieren und gleichzeitig im Rücken zu lockern. Haben Sie Schwierigkeiten, das Pferd bei den Paraden zum Trab zu sitzen, dann traben Sie leicht und galoppieren auch aus dem Leichttraben an. Das bekommt Ihrem Rücken und dem Ihres Pferdes besser, als wenn Sie ihm ins Kreuz plumpsen.

Die Paraden aus dem Galopp zum Leichttraben erfordern allerdings eine schnelle Veränderung Ihres Schwerpunktes nach vorne, sonst fallen Sie dem Pferd während der Parade in den Rücken. Eine gute Übung ist auch die Kombination: Galopp-Leichttraben-Anhalten (aus dem Leichttraben)-Rückwärtsrichten-Angaloppieren-Leichttraben-Anhalten-etc. Diese Kombination ist besonders für Pferde geeignet, die im Galopp noch nicht gesetzt genug sind, um die Parade Galopp-Schritt ausführen zu können. Das Angaloppieren aus dem Rückwärtsrichten fördert das weite Untersetzen der Hinterbeine beim Angaloppieren und bringt das Pferd immer besser auf die Hinterhand.

Fortgeschrittene Übungen für schon recht gut »gesetzte« Pferde sind die Reprisen Galopp-Schritt-Galopp, Galopp-Schritt-Halten-Galopp oder schließlich Galopp-Schritt-Halten-Rückwärts-Galopp. Ganz zum Schluss kommt dann das Anhalten aus dem stark verkürzten Galopp. Letztere sind jedoch Übungen, die stärkere Versammlung erfordern und an dieser Stelle (bei der Behandlung der reinen Durchlässigkeit) noch nicht relevant sind.

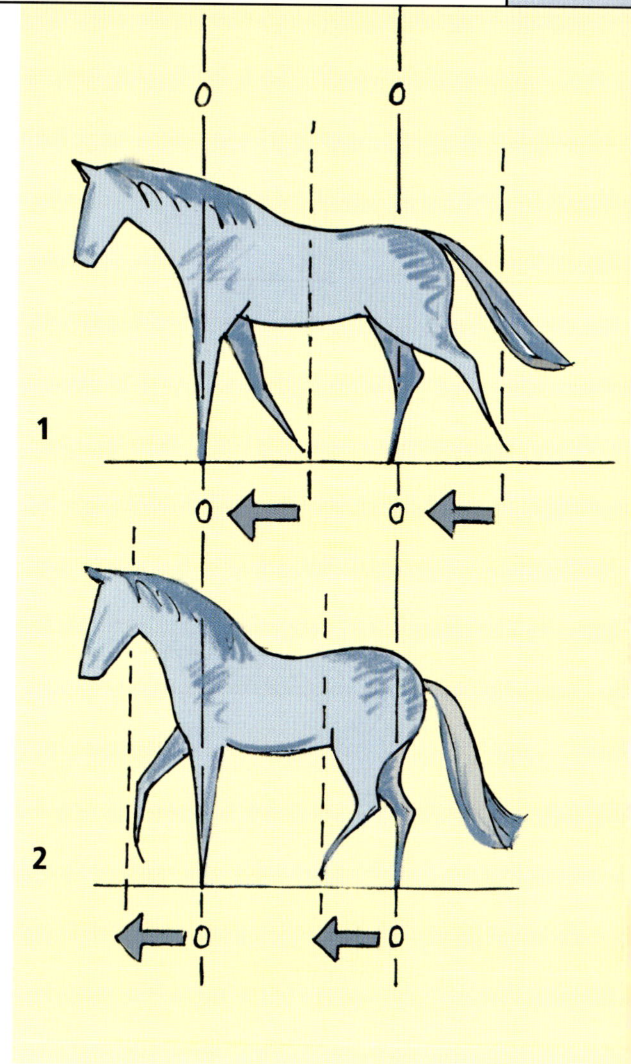

1. Starke Schubkraft. Das Pferd schiebt von hinten in die 0-Stellung. Es geht flacher, mit längerem Hals.
2. Vermehrte Tragkraft. Das Pferd tritt aus der 0-Stellung nach vorne, unter sich. Es richtet sich auf.

Exkurs: Schubkraft und Tragkraft

Viele Probleme beim Reiten resultieren daraus, dass das Pferd zuviel Schub aus der Hinterhand anbietet. Für Renn- und Distanzpferde mag die

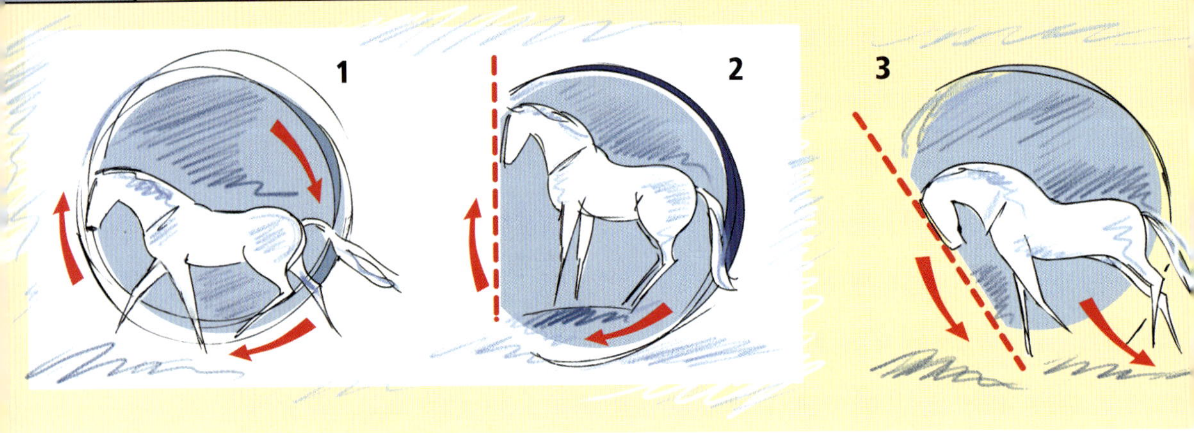

Richtig: Zuerst werden die Hinterbeine des Pferdes zum Untertreten animiert (1), dann erst begrenzt der Reiter die Vorwärtsbewegung zur Temporeduzierung oder zum Anhalten (2) oder lenkt die Vorhand in eine andere Richtung.

falsch: (3) Das Pferd wird kopflastig und nimmt die Energie nicht mit der Hinterhand auf. Es legt sich auf die Hand.

Entwicklung von viel Schub- und wenig Tragkraft angebracht sein, weil bei diesen der Rücken wenig durch das Reitergewicht belastet wird. Und weil natürlich bei diesen Pferden Raumgriff und Schnelligkeit im Vordergrund stehen.

Bei Pferden, die etwas kopflastig sind, d.h. einen tief angesetzten Hals und/oder eine überbaute Hinterhand bzw. eine ungünstige Winkelung/Stellung der Hinterhand haben, kann jedoch der starke Schub aus der Hinterhand dazu führen, dass die Vorhand dauerhaft überlastet wird.

Bei der Ausbildung zum Reitpferd ist es aus verschiedenen Gründen angebracht, die Tragkraft der Hinterhand zu entwickeln und den Schub zu begrenzen oder doch zumindest unter sicherer Kontrolle zu halten.

1. Das Pferd wird bequemer zu sitzen: Die Hinterhand nimmt Gewicht auf und der Rücken des Pferdes schwingt.
2. Überlastungsschäden an der Vorhand werden vermieden.
3. Das Pferd wird in Tempo und Richtung leichter kontrollierbar. Es nimmt Paraden leichter an.
4. Nur die Entwicklung vermehrter Tragkraft ermöglicht eine richtige Versammlung des Pferdes.

Für alle Übungen zur Durchlässigkeit sind Paraden vonnöten. Grundsätzliche Richtlinien für den Einsatz des Zügels habe ich schon im ersten Teil von Kapitel 4 erwähnt. Hier geht es jetzt um die verschiedenen Arten von Paraden.

Begriffe mit ähnlicher Bedeutung

- **Das Pferd wird aufmerksam gemacht.**
- **Das Pferd wird zusammengestellt (= ver-sammelt).**
- **Die Hinterhand wird aktiviert.**
- **Das Pferd wird vorbereitet (auf jede Art von nachfolgender Aufgabenstellung seitens des Reiters).**

Kriterien für eine richtige Parade

- Das Pferd muss leichter in der Hand werden und darf sich nicht schwer auf den Zügel legen.
- Die Hinterhand senkt sich und die Vorhand hebt sich, ohne dass das Pferd den Unterhals nach oben drückt.
- Die Nasenlinie bleibt vor der Senkrechten, das Genick ist der höchste Punkt.
- Die richtige Parade ist immer zeitversetzt. Erst wird die Hinterhand untergeschoben, dann wirkt der lenkende oder begrenzende Zügel.
- Der Zügel darf dabei nie rückwärts wirken, sondern nur gegenhaltend benutzt werden.

Die Hinterhand vor einer Parade aktivieren.

Ziel 5: Eine Parade geben

Paraden werden immer nötig, wenn der Reiter dem Pferd eine Änderung des »Status Quo« durchgeben will. Mit einer Parade wird das Pferd vorbereitet und aufmerksam gemacht auf kommende Signale des Reiters.

Paraden ziehen sich durch die gesamte Ausbildung – deswegen wird ihnen hier auch viel Aufmerksamkeit gewidmet.

Es gilt: unterschiedliche Absichten des Reiters = verschiedene Arten von Paraden.

Mögliche Absichten des Reiters: Vorbereitung zum Gangarten-/Tempo-/Richtungswechsel, Vorbereitung zum Anhalten, Vorbereitung für eine bestimmte Übung, Lenken und Begrenzen des Schubes aus der Hinterhand, Begrenzung einer Stellung oder Biegung.

Ziehen verboten

Richtige Paraden führen zur vermehrten Durchlässigkeit und sind eine Grundvoraussetzung für die Versammlung. Paraden geben bedeutet auf keinen Fall: einfach an beiden Zügeln ziehen. Vielmehr ist der Zügel nur die letzte (schwächste und am wenigsten bedeutende) Hilfe in einer Reihe von Hilfen und kausalen Zusammenhängen, aus denen sich die Parade zusammensetzt und die schließlich zu einer gewünschten Reaktion des Pferdes auf die Parade führen.

Man unterscheidet zwischen ganzen und halben Paraden. Die ganze Parade ist immer eine Parade zum Halten. Mit der halben Parade wird das Pferd aufmerksam gemacht. Es wird auf die Hinterhand gesetzt und damit auf ein Kommando des Reiters vorbereitet – auf einen Gangarten-, Tempo- oder Richtungswechsel.

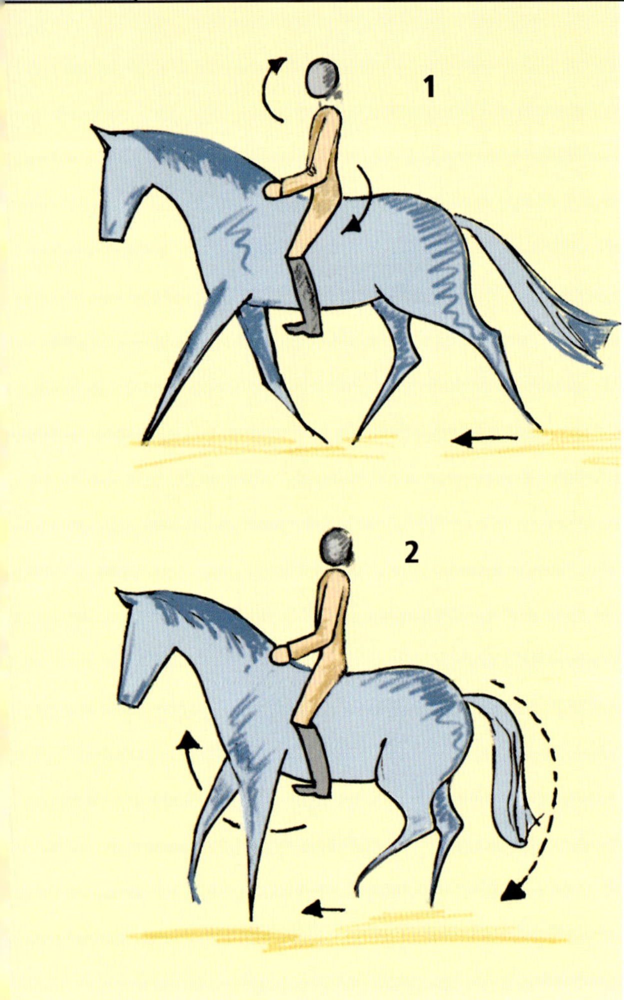

Zuerst werden die Hinterbeine des Pferdes zum Untertreten animiert (Bild 1), dann erst begrenzt der Reiter die Vorwärtsbewegung (Temporeduzierung oder Anhalten, Bild 2) oder lenkt die Vorhand in eine andere Richtung (Richtungswechsel, Seitengänge).

Die Hilfenkombinationen für Paraden

Voraussetzung für die Richtigkeit einer Parade ist ein Pferd, welches prinzipiell vorwärts geht.

Als Reiter sind Sie dafür verantwortlich, den Vorwärtsdrang des Pferdes unter allen Umständen zu erhalten bzw. wiederherzustellen, wenn er irgendwo »verloren gegangen« sein sollte.

Ein zähes, faules Pferd müssen Sie also zuerst »flott machen«, bevor Sie daran gehen, es lenken, versammeln oder gar anhalten zu wollen. Sie müssen praktisch Gas geben (die Hinterhand aktivieren), um richtig bremsen/parieren zu können.

Das klingt paradox, ist jedoch ganz logisch, wenn man sich die Gleichgewichtstheorie vor Augen führt und sich ein wenig mit physikalischen Gesetzen wie der Massenträgheit auskennt.

Wichtigster Grundsatz: Eine Parade wirkt immer von hinten nach vorne.

Das bedeutet im Klartext: Erst muss ein Impuls (Energie) aus der Hinterhand des Pferdes da sein (das Pferd muss vorwärts wollen) – erst dann kann eine Parade gegeben werden, um diese Energie zu »steuern«, d.h. in die vom Reiter gewünschte Richtung zu lenken.

Genauso schwer, wie Sie die Räder eines stehenden Autos (ohne Servolenkung) lenken können, können Sie ein Pferd lenken, das keine Bewegungsenergie aus der Hinterhand anbietet.

Massenträgheit

Was passiert, wenn man eine vorwärts bewegte Masse (nichts anders ist die Kombination Reiter+Pferd in Bewegung) bremsen bzw. anhalten will? Die Masse hat die Tendenz zur Fortsetzung der Bewegung. Sie reagiert träge auf Bremsversuche. Treten Sie aus schneller Geschwindigkeit bei einem Auto voll auf die Bremse, so bekommen Sie diese Trägheit am eigenen Leib zu spüren. Sie werden nach vorn in den Sicherheitsgurt gedrückt und alles, was

Eine Parade wirkt immer von hinten nach vorne.

ungesichert neben Ihnen auf dem Beifahrer-Sitz liegt, landet im Fußraum. Die Räder blockieren – das Auto kommt vorne tief und hinten hoch, wird praktisch kopflastig. Fährt das Auto gar auf ein Hindernis auf, so sorgt die abrupt gebremste Bewegungsenergie dafür, dass sich das stabile Blech wie eine Ziehharmonika von hinten nach vorn zusammenschiebt – ein deutliches Zeichen für die Stärke der Bewegungsenergie.

Was passiert, wenn Sie als Reiter ein schnell laufendes Pferd »abbremsen« wollen und einfach nur vorne an beiden Zügeln ziehen?

Das Pferd hat – wie das Auto – die Tendenz zur Fortsetzung der Bewegung. Es wird sich eine Stütze in Ihrer Hand suchen und dagegen anrennen, um die Bewegungsenergie abzufangen. Es wird kopflastig, kommt auf die Vorhand und Sie haben praktisch keine Chance, es mit Ihren begrenzten Kräften auf diese Weise anzuhalten. Stellen Sie sich dann vor, das Pferd hat auf einmal eine hohe Wand vor sich, die es nicht überspringen kann. Es muss etwas unternehmen, wenn es sich nicht den Kopf daran einrennen will. Um seine Bewegungsenergie schnell abzufangen, schiebt es seine Hinterbeine stark unter und »setzt sich« auf die Hinterhand. Beobachten Sie Pferde auf der Koppel, wenn sie schnell anhalten wollen, so können Sie diese Art des Stopps sehen. Westernpferde werden so ausgebildet, dass sie eine Parade zum Halten aus dem schnellen Galopp auf diese Weise annehmen – in Form eines Sliding Stopp, bei dem sie alle

Der Sliding Stopp aus dem schnellen Galopp als extreme Parade zum Halten.

Bewegungsenergie auf der untergeschobenen Hinterhand abfangen, die (je nach Bodenbeschaffenheit) mehrere Meter gleitet.

Genauso muss jede Parade vom Prinzip her wirken: Die Hinterhand muss dazu gebracht werden, die Bewegungsenergie aufzunehmen; das Pferd darf sich nicht in der Hand des Reiters abstützen. Die Kunst des Paradengebens besteht darin, dem Pferd keine dauerhafte Stütze im Zügel zu bieten. Das heißt: der Zügel wird zwar kurz (als Signal: »Achtung, aufgepasst«) angenommen, jedoch sofort wieder nachgegeben, um dem Pferd die Stütze zu verwehren. (Annehmen und Nachgeben – Zügelhilfen in der Intervalltechnik.) Wie beim Auto, das gegen die Wand fährt, schiebt sich das Pferd bei einer richtigen Parade von hinten nach vorne zusammen. Das kostet Energie – und die wird das Pferd nur dann aufbringen, wenn es ganz genau weiß: die Hilfe meines Reiters ist verbindlich; der meint es ernst.

Auch im Gelände kann man hervorragend an der »Programmierung« aufs Anhalten arbeiten. Natürlich beginnt man damit aus dem Schritt.

Programmierung

Paraden zum Halten werden dadurch erleichtert, dass man jedes Pferd durch Stimm- und Gewichtshilfen so aufs Anhalten »programmieren« kann, dass der Zügel kaum noch gebraucht wird. Dass man bei dieser »Programmierung« nicht im Galopp, sondern im Schritt anfängt, sollte klar sein. Eigentlich fängt man damit sogar schon an, bevor man sich aufs Pferd setzt, nämlich bei der Grunderziehung, beim Führen sowie bei der Boden- und Longenarbeit, bei der die Stimmhilfe Ho oder Halt etabliert wird. Setzt man das Stimmsignal konsequent immer dann ein, wenn man das Pferd anhalten will und trainiert das Pferd über Biegung und Seitengänge so, dass es lernt, seine Hinterbeine zweckdienlich einzusetzen, so lässt sich ein Pferd nach einiger Zeit auch aus dem Trab und schließlich aus dem Galopp mit Stimme, einem minimalen Zügelimpuls und einem deutlich blockierenden Abkippen des Beckens anhalten,

Ähnlich können auch die halben Paraden, z.B. für einen Gangarten- oder Tempowechsel, erleichtert werden, wenn das Pferd gut auf Stimmhilfen reagiert. Eine »ganze Parade« also die Parade zum Halten (aus jeder Gangart) ist jedoch oft einfacher als eine halbe Parade, deren Intensität oft mühsam zwischen zuviel und zuwenig ausgesteuert werden muss.

Die Reihenfolge der Teil-Hilfen bei einer Parade

1. Wichtigstes Instrument des Reiters für Paraden ist die Fähigkeit, sein Becken kontrolliert und in der richtigen Phase der Bewegung abzukippen und mit diesem Kippen die Rückenbewegung des Pferdes kurzfristig mehr oder weniger stark zu blockieren (Gewichtshilfe).

1.a. Ein ergänzendes kurzes »Zumachen« des Knies oder ein kurzer Schenkeldruck kommt je nach Lektion und Art der Parade hinzu.

2. Zweitwichtigstes Instrument ist seine Stimme, die unterstützend eingesetzt werden kann (s.o.).

3. Zum Schluss erst kommt der Zügel als »letzte Instanz« hinzu.

Reihenfolge der Teilhilfen bei einer Parade

- **1. Eine Stimmhilfe zur Vorbereitung.**
- **2. Das Becken abkippen.**
- **3. Ergänzender Schenkeldruck bzw. Kniedruck.**
- **4. Eine begrenzende Zügelhilfe.**

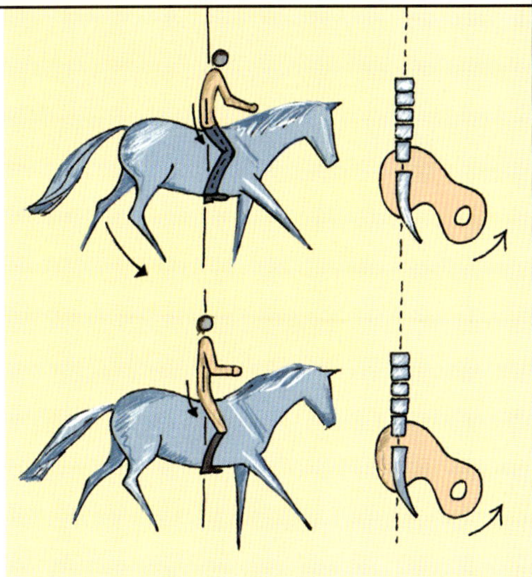

Die blockierende Kreuzhilfe: Ob »Eichhörnchenbuckel« (oben, western) oder gerade Kreuzstellung (unten), die Kippbewegung des Beckens und die Wirbelsäulenstellung sind gleich.

Wann reagiert ein Pferd auf Paraden?

Ein Pferd muss sorgsam auf Paraden vorbereitet werden. Ein steifes, oder (noch) unausbalanciertes, junges Pferd ist z.B. nicht in der Lage, auf eine ganze Parade aus dem Trab oder gar aus dem Galopp zu reagieren. Das kann es nur, wenn es schon unter dem Reiter ins Gleichgewicht gebracht wurde (siehe dort) und gelernt hat, auf Signale (=Hilfen) des Menschen zu reagieren. Nur, wenn das Pferd erstens versteht, was der Mensch von ihm will, und zweitens körperlich in der Lage ist, die Forderungen auch auszuführen, kann eine Parade richtig wirken. Andernfalls wird das Pferd immer gegen die Hand des Reiters anrennen, weil es ihm an Balance oder an Kraft in der Hinterhand mangelt oder weil ihm kein umfassendes Hilfensystem antrainiert wurde.

Paraden in verschiedenen Reitsystemen

Auch, wenn es auf den ersten Blick nicht so aussieht: Das Prinzip einer Parade ist in allen Reitweisen gleich. Die Hinterhand des Pferdes muss aktiviert werden, der Reiter kippt sein Becken und begrenzt oder lenkt dann am Zügel die Vorwärtsbewegung.

Sichtbare Unterschiede gibt es jedoch manchmal in der Oberkörperhaltung der Reiter sowie im Grad des Zügelkontaktes vor und nach den Paraden. Am deutlichsten sieht man diese Unterschiede bei der ganzen Parade zum Halten aus dem Galopp mit der »blockierenden Gewichtshilfe«.

Dressurreiter bleiben beim Abkippen des Beckens im Oberkörper gerade und aufrecht, während der Westernreiter eine Art »Eichhörnchenbuckel« macht. Die Abkippbewegung des Beckens ist bei beiden jedoch genau die gleiche. Und allein auf das richtige Kippen des Beckens (auf die richtige Druckverteilung auf dem Pferderücken) kommt es an. Diese Kippbewegung wird hauptsächlich über die Bauchmuskeln des Reiters gesteuert: Die Bauchmuskeln werden angespannt, Rippen und Beckenkamm nähern sich einander; der Reiter fällt dadurch im Oberkörper zusammen; er blockiert seine eigene Wirbelsäule und so sein

Auch am losen Zügel muss das Pferd rund und mit aktiver Hinterhand gehen.

Mitschwingen in der Bewegung des Pferdes. Atmet er dabei noch forciert aus, so verstärkt er sein Zusammenfallen und damit seine Blockade des Pferderückens. Das Kommando Ho, mit dem die Westernreiter ihre Pferde auf den Stopp vorbereiten, trägt dieser Atemtechnik Rechnung. Probieren Sie aus, wie Ihr Brustkorb zusammenfällt, wenn Sie laut das Wort »Ho« ausstoßen. Die Stimmhilfe »hilft« hier nicht nur dem Pferd, sondern auch dem Reiter, eine richtige/deutliche Gewichtshilfe zu geben.

Zweiter sichtbarer Unterschied bei den Paraden sind Zügellänge und Kontakt zwischen Reiterhand und Pferdemaul.

Bei den Dressurreitern heißt es: »Der lange Zügel zieht« und »der lose Zügel wirkt härter als der anstehende, wenn er angenommen wird«. Beide Aussagen sind zwar vom Prinzip her richtig, werden jedoch oft falsch ausgelegt. Anweisungen an den Reiter, wie »Zügel kürzer« oder »Hand stehen lassen« bzw. »Kontakt zum Pferdemaul halten« haben leider oft nur den Effekt, dass sich das Pferd zentnerschwer auf die Hand legt, weil das »Loslassen«, das Nachgeben, vergessen wird. Oder weil gar nicht genug Energie aus der Hinterhand des Pferdes zur Verfügung steht, um überhaupt einen Kontakt vorne aufzubauen; wo keine Energie von hinten vorhanden ist, kann man vorne auch nichts begrenzen oder lenken. Richtiger Zügelkontakt funktioniert also immer nur bei einem fleißig vorwärts gehenden Pferd. Zur Not muss das Pferd ohne Zügelkontakt (am losen Zügel) erst mal »flott gemacht« werden, bevor der Reiter mit dem Zügel tatsächlich Kontakt aufnehmen kann.

Bei den Westernreitern ist es dagegen oft umgekehrt: Da hört man dann solche Dinge wie »Fass den Zügel am besten solange nicht an, bis du etwas vom Pferd willst.« Auch diese Aussage kann man im richtigen Zusammenhang gelten lassen, jedoch gilt sie nur für ein fix und fertig ausgebildetes Pferd – und auch dort nur so lange, wie alles gut läuft und keine Korrekturarbeit nötig ist. Für die gymnastizierende Ausbildung und für evtl. nötige Korrekturarbeit ist es auch beim Westernpferd absolut erforderlich, dass es gelernt hat, den Zügel »anzunehmen«. Und das bedeutet, dass der Reiter den Zügel benutzen muss, um Kontakt zum Pferdemaul aufzubauen. Erst später kann der Zügelkontakt wieder minimiert werden, so dass beim fertig ausgebildeten Pferd das Gewicht des Zügels allein reicht, um den Kontakt zwischen Reiterhand und Pferdemaul aufrecht zu erhalten. (Dass auch ein gut ausgebildetes Pferd ohne Auffrischung und kleinere Korrekturen in der täglichen Arbeit nicht auskommt ist jedoch Tatsache.)

Im Endeffekt unterscheidet sich die Handhabung der Zügel während der Parade bei guten Westernreitern und guten Dressurreitern nicht voneinander. Beide haben vor der Parade minimalen Zügel-Kontakt und kommen mit einem angedeuteten Verstärken dieses Kontaktes für eine Parade aus (das Bild des »Schwamm-Ausdrückens« für das leichte Zumachen oder Eindrehen der Faust bei einer feinen Parade gilt prinzipiell für beide Reitweisen).

Vertreter beider Reitweisen könnten sich ohne weiteres auf einen gemeinsamen Nenner einigen, was die Zügeleinwirkung angeht, denn es handelt sich bei richtiger Handhabung des Zügels in beiden Reitweisen nur um graduelle Unterschiede.

Grundsätze für richtige Paraden

Das Pferd muss leichter in der Hand werden und darf sich nicht schwer auf den Zügel legen.

Die Hinterhand senkt sich und die Vorhand hebt

Auch der Spanische Schritt ist mit wenig Zügeleinwirkung möglich.

Das Pferd gibt auch am losen Zügel im Genick nach.

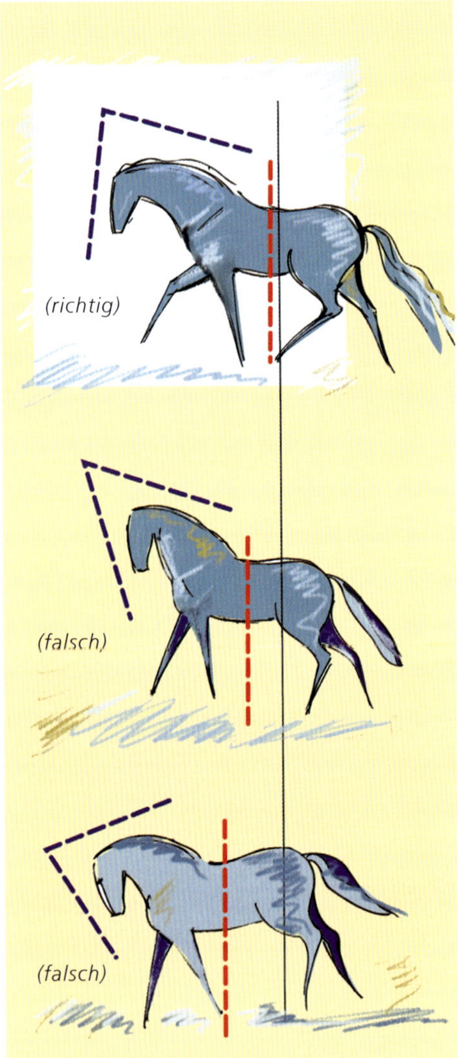

Begriffe mit ähnlicher Bedeutung

- **Der Reiter bringt das Pferd vor sich.**
- **Das Pferd richtet sich auf.**
- **Die Bewegungen werden erhabener und kadenzierter.**
- **Die Vorhand wird leicht.**
- **Das Pferd setzt sich auf die Hinterhand. Es beugt sich in den Hanken.**

sich, ohne dass das Pferd den Unterhals nach oben drückt.

Das Pferd bleibt locker in der Schulter.

Die Nasenlinie bleibt vor der Senkrechten, das Genick der höchste Punkt.

Die richtige Parade ist immer zeitversetzt. Erst wird die Hinterhand untergeschoben, dann wirkt der lenkende oder begrenzende Zügel.

Der Zügel darf dabei nie rückwärts wirken (ziehen), sondern allenfalls gegenhaltend benutzt werden.

Der Zügelimpuls darf nur sehr kurz andauern. Er kann jedoch mehrfach wiederholt werden.

Eine gute Parade darf keine dauerhafte Kraft im Arm des Reiters erfordern.

Ein schärferes Gebiss erleichtert nicht, eine korrekte Parade zu geben, sondern macht ein gut gerittenes und durchlässiges Pferd noch sensibler auf die Einwirkung des Reiters.

Ziel 6: Versammlung

Die korrekte Versammlung bedeutet die Krönung der Ausbildung. Sie macht das Pferd schöner und beweglicher und erleichtert dem Reiter Sitz und Einwirkung. Eine Minimierung der Hilfen, das Reiten ohne Kraft, tänzerische Eleganz des Reiter-Pferd-Paares sind nur mit einem gewissen Grad an Versammlung möglich. Das gilt für jede Reitweise, ob western, englisch, barock oder freestyle.

Ein richtig versammeltes Pferd lässt sich ohne Kraftaufwand in jeder Gangart in Tempo und Raumgriff zurücknehmen, aus jeder Gangart anhalten und ohne Verzögerung aus dem Halten oder aus der Rückwärtsbewegung wieder vorwärts schicken. Und das alles mit unsichtbaren

Hilfen eines ruhig sitzenden Reiters. Und was das wichtigste ist: ein richtig versammeltes Pferd ist frei von Verspannungen (= unnötiger Spannung) und bleibt bis ins hohe Alter gesund.

Doch ein richtig versammeltes Pferd fordert Jahre korrekter Ausbildung – eine Versammlung im Schnelldurchlauf gibt es nicht. Und viele angeblich versammelte Pferde sind einfach nur mit dem Zügel zusammengezogen oder »langsam gemacht« – was die Versammlung zur Karikatur ihrer selbst macht.

Exkurs: Versammlungsbegriff in verschiedenen Reitweisen

Meine Erfahrungen in verschiedenen Reitsystemen haben mir gezeigt, dass Reiter verschiedener Stilrichtungen oft etwas völlig anderes meinen, wenn sie von Versammlung reden. Es ist erstaunlich wie der Versammlungsbegriff auf verschiedene Arten völlig missverstanden werden kann.
Zwei extreme Sichtweisen (und beide falsch) mögen hier als Beispiel dienen.
1. Bei den Westernreitern gibt es eine Prüfung, die sich »Pleasure« nennt: Das Reiten eines in dieser Richtung ausgebildeten Pferdes soll dem Reiter ein pures Vergnügen sein (= Pleasure). Dazu werden die Pferde so geritten, dass sie möglichst wenig Schwung entwickeln und den Reiter deswegen bequem sitzen lassen. Pferde mit von Natur aus flachen Gängen und tief angesetztem Hals (wie viele Quarterhorses) werden hier bevorzugt, denn sie gehen rassebedingt mit relativ gerader Oberlinie und wenig Schwung. So weit – so gut. Nun wird aber die Schwunglosigkeit auf die Spitze getrieben, indem diese

Kriterien für richtige Versammlung

- Versammlung erfolgt immer von hinten nach vorne. Erst wird Schwung und Energie aus der Hinterhand erzeugt (treibende Hilfen). Dann erst wird die erzeugte Energie mit dem Zügel gelenkt und begrenzt (verhaltende Hilfen).
- Die Hinterhand tritt aktiv unter.
- Die Taktreinheit der Gänge bleibt immer erhalten.
- Das Pferd wird leichter an der Hand. Es darf keine Stütze im Zügel suchen.
- Zügel- und Schenkelhilfen werden minimiert. Das Pferd wird vermehrt über die Gewichtshilfen geritten. Alle Hilfen werden zu »Kürzeln« geschrumpft.
- Die Nasenlinie bleibt vor der Senkrechten. Das Genick ist der höchste Punkt.
- Aus der Versammlung muss das Pferd sofort die Hilfen zur Tempo-Verstärkung befolgen.
- Ein Zurücknehmen des Tempos auch aus den Verstärkungen muss ohne Widerstand möglich sein.
- Ein Anhalten aus jeder Gangart ist ohne Kraftaufwand möglich.
- Das Pferd muss ohne Widerstand in Genick oder Schulter rückwärts gehen und ohne Stocken oder Klemmen wieder vorwärts antreten.
- Das Pferd ist hundertprozentig auf den Reiter und seine Signale konzentriert.
- Das Pferd bleibt bei allen Lektionen ruhig und (los)gelassen.
- Die Dehnungshaltung muss immer abgerufen werden können.

Auch im Gelände kann man ab und zu sein Pferd versammeln, wie hier im Schritt. Genauso wichtig ist es jedoch, das Pferd immer wieder am losen Zügel entspannt vorwärts gehen zu lassen.

Dieser western gerittene Haflinger ist korrekt versammelt – aufgrund seines Exterieurs sieht die Versammlung jedoch anders aus als z.B. beim Schecken links.

Pferde konsequent falsch »in die Tiefe« geritten werden – das Genick befindet sich unter Widerristhöhe, der Trab hat Schrittgeschwindigkeit und der Galopp wird soweit verlangsamt, dass der Dreitakt verloren geht. Und es gibt Leute, die nennen das Versammlung. Nun hat aber das Pleasure-Reiten gerade mit Versammlung überhaupt nichts zu tun: Statt die Hinterhand zu aktivieren und Schwung zu entwickeln (was die Voraussetzung für Versammlung ist) wird das Pferd schwunglos und auf die Vorhand geritten. Hier wird Versammlung

Versammlung

Welche Fehler sind zu vermeiden?

- **Das Pferd wird nur verlangsamt, ohne sich vermehrt auf die Hinterhand zu setzen.**
- **Die Hinterhand tritt nicht genug vor.**
- **Das Pferd geht mit der Nasenlinie hinter der Senkrechten – es ist zu eng im Hals.**
- **Die Taktreinheit der Gänge geht verloren.**
- **Das Pferd wird nur vorne aufgerichtet, der Unterhals ist deutlich zu sehen.**

mit »Langsam-Reiten« verwechselt. Und das Pferd erleidet gesundheitlichen Schaden bei dieser Art des Reitens.

2. In der Dressur, die man zur Zeit auf unseren Reit- und Turnierplätzen zu sehen bekommt, sieht man häufig das Gegenteil des unter Beispiel 1 beschriebenen: die Entwicklung von »verkrampftem« Schwung bei dem Versuch, das Pferd zu versammeln. Da werden viele Pferde regelrecht »zusammengeschraubt«. Das Genick ist nicht der höchste Punkt, die Nasenlinie hinter der Senkrechten. Die Pferde wirken auf diese Weise kopflastig, obwohl sie in Aufrichtung gehen. Allerdings ist diese Aufrichtung mit eisenharter Faust erzwungen. Die Hinterhand des Pferdes ist nicht aktiv genug, um die Handeinwirkung zu kompensieren. Das Pferd wirkt nicht erhaben und frei, sondern verkrampft. Viele dieser Pferde sind auch sehr schwer zu sitzen, weil sie zwar viel Schwung entwickeln (oft rassebedingt), die Losgelassenheit aber fehlt. Eine Minimierung der Hilfen und eine freie Eleganz der Bewegung (beides Kriterien der echten Versammlung) sind auf diese Weise kaum möglich, weil Reiter und Pferd mit enormem Kraftaufwand nicht miteinander, sondern gegeneinander arbeiten.

Beide oben ausgeführten Beispiele sind zwar Extreme, kommen jedoch so und in Abstufungen leider nicht selten vor.

Echte Versammlung

Echte Versammlung bedeutet folgendes: Das Pferd »sammelt sich«, ohne sich zu (ver)spannen. Es konzentriert sich stärker auf die Signale des Reiters und setzt sich vermehrt auf die Hinterhand, ohne sich dabei aufzuregen. Dadurch wird die Vorhand leicht und frei. Die Bewegungen werden erhabener, die Reaktion auf Signale des Reiters schneller, leichter und präziser. Das Pferd sieht aus, als ob es »bergauf« laufen würde. Es trägt den Hals frei aus der Schulter heraus und reagiert auf minimale Zügelsignale und Gewichtsverlagerung des Reiters. Die Schenkelhilfen verlieren zunehmend an Bedeutung. Die Steuerung des Pferdes hinsichtlich Richtung und Tempo erfolgt weitgehend über die Änderung der Gewichtsverteilung auf dem Pferderücken (differenzierte Belastungsänderung über die Gesäßknochen des Reiters). Versammlung gipfelt in den Lektionen der Hohen Schule, die aber nicht von jedem Pferdetyp erreicht werden können.

Voraussetzung für richtige Versammlung sind eine gute Grundgymnastizierung des Pferdes, ein sicher etabliertes Hilfensystem, ein perfekt im Gleichgewicht sitzender Reiter sowie das richtige »Abarbeiten« der in den vorangegangenen Abschnitten beschriebenen Ausbildungsstufen: Takt, Losgelassenheit, Geraderichten, usw.

Hilfenkombinationen und Kommunikationsansätze zur Problemlösung

- Häufige Fehlerquellen

- Die Kardinalfehler und deren Korrektur:

Ausweichmanöver des Pferdes

- A. Unkontrolliertes Tempo
- A.1. Das Pferd rennt
- Ursache: Gleichgewichtsprobleme
- Ursache: Erziehungsprobleme
- Ursache: Schmerz
- A.2. Das Pferd geht nicht vorwärts
- B. Das Pferd unterbricht den Spannungsbogen
- C. Keine Richtungskontrolle
- C.1 Das Pferd läuft über die Schulter weg
- C.2 Das Pferd kippt über die innere Schulter in die Wendung hinein
- Exkurs: Korrekturen in Konterstellung

Reiterfehler

- D. Kein unabhängiger Sitz
- E. Der Reiter benutzt seine Hilfen nicht in der Intervalltechnik
- F. Der Reiter bleibt zu passiv

Pferde, die sich korrekt biegen lassen, sind deutlich weniger »problemanfällig«.

Hilfenkombinationen und Kommunikationsansätze zur Problemlösung

Im Normalfall sollten die Punkte der Ausbildungsskala wie in Kapitel 4 beschrieben in der richtigen Reihenfolge abgearbeitet werden.

Der Normalfall ist jedoch nicht immer gegeben. Es gibt Pferde und Reiter mit speziellen Problemen oder eingeschliffenen Fehlern, die behoben bzw. korrigiert werden müssen. Dazu können Sie vorübergehend von der reinen Lehre abweichen.

Es gilt jedoch: Nur, wer das Grundprinzip des Reitens und der Pferdeausbildung hundertprozentig verstanden hat und prinzipiell beherrscht, darf zu Korrekturzwecken davon abweichen. Und nur, wer sich gut mit zwei oder mehreren Reitstilen auskennt, darf Elemente aus verschiedenen Stilen mischen. Der Rahmen für alle Abweichler muss jedoch immer die Beachtung der anatomischen und psychologischen Gegeben-

Häufige Fehlerquellen

- 1. Verständnisprobleme
- 2. Mangelnder Respekt
- 3. Angst
- 4. Gleichgewichtsprobleme
- 5. Schmerz
- 6. Motivationsprobleme

heiten des Pferdes sowie ein in sich stimmiges, logisches und unmissverständliches Hilfensystem sein. Andernfalls endet alles in einem riesengroßen Chaos.

Ursachenforschung

Bei allen Arten von Problemen sollten Sie zuerst versuchen, die Ursachen herauszufinden. Nur, wenn Sie wissen, warum Ihr Pferd nicht in gewünschter Weise reagiert, können Sie ein Problem wirkungsvoll beheben. Andernfalls korrigieren Sie nur an einem Symptom herum, ohne die wahre Ursache auszuschalten. Die Ursachenforschung kann jedoch unbequeme Ergebnisse bringen – unbequem insofern, als sie meistens den Reiter als Ursache des Übels entlarvt – nicht unbedingt den derzeitigen Reiter, aber unter Umständen den Vorgänger oder den, der für die Grundausbildung des Pferdes verantwortlich war.

Es gibt eine ganze Palette von Ursachen für Fehler in der Kommunikation zwischen Reiter und Pferd. Ausbildungsfehler bei Reiter und/oder Pferd, Erziehungsfehler, mangelnde Konsequenz und Autorität des Menschen, widersprüchliche oder missverständliche Hilfen, körperliche Probleme, Schmerzen oder erwartete Schmerzen, Angst – um nur die wichtigsten zu nennen.

Stellen Sie z.B. folgende Fragen – und antworten Sie ehrlich, ohne sich selbst zu schonen:

Wann tritt das Problem auf? In welcher Gangart, bei welcher Gelegenheit, in welcher Umgebung, bei welchem Reiter?

Hat das Pferd alte, nicht richtig ausgeheilte Verletzungen, die vielleicht eine Schmerzreaktion verursachen können?

Ist das Pferd im Umgang gut erzogen oder eher ungezogen und rüpelhaft?

Ist es ängstlich oder unerschrocken und neugierig?

Ist das Pferd prinzipiell arbeitswillig und aufmerksam oder wehrt es sich gegen jede Art von Arbeit? (D.h. kann es aus noch unbekannten Gründen nicht richtig reagieren oder will es nicht, weil ihm der Reiter da oben egal ist ...?)

Können Sie in allen Situationen ausbalanciert sitzen, ohne sich am Zügel festzuhalten oder zu klammern? Können Sie Ihre Zügelhände in jeder Gangart unabhängig voneinander bewegen? Oder stören Sie das Pferd in irgendeiner Form in seinen Bewegungen?

Häufige Fehlerquellen

für eine fehlende oder falsche Reaktion des Pferdes auf eine Forderung/Hilfe des Reiters:

1. Verständnisprobleme

Psychische Überforderung des Pferdes, der Reiter ist kein guter Lehrer für das Pferd, er agiert nicht artgerecht, das Pferd versteht seine Sprache nicht.

2. Mangelnder Respekt

Das Pferd wurde nicht konsequent erzogen. Es weiß, dass eine Forderung des Menschen nicht

unbedingt immer verbindlich ist und nimmt sich Freiheiten heraus. Der Reiter ist nicht das Alphatier.

Bei schnellen Manövern sind Gleichgewichtsprobleme an der Tagesordnung.

3. Angst

3.a. Das Pferd hat kein Vertrauen zum Reiter und seinen Hilfen/Forderungen. Das Angstbewältigungs-Programm wurde nicht konsequent abgehandelt. Mangelndes Vertrauen und mangelnder Respekt gehen Hand in Hand. Doch auch Punkt 4 spielt eine Rolle in diesem Zusammenhang, z.B. dann, wenn ein junges Pferd Angst vor dem Gleichgewichtsverlust durch zu starkes Verlagern des Reitergewichtes hat.

3.b. Der Reiter hat Angst vor dem Pferd und traut sich nicht, seine Forderungen durchzusetzen.

4. Gleichgewichtsprobleme

4.a. Körperliche Überforderung des Pferdes, der Reiter verlangt zu schnell zu viel körperliche Leistung vom Pferd, ohne Gleichgewicht und Muskulatur des Pferdes ausreichend trainiert zu haben.

4.b. Der Reiter befindet sich selbst nicht im Gleichgewicht (kein ausbalancierter Sitz).

5. Schmerz

Das Pferd hat Schmerzen. Oft sind Rückenprobleme der Auslöser für Widersetzlichkeiten.

Konsequentes, ruhiges Schrittreiten im Gelände erzieht Düsewinde um.

6. Motivationsprobleme

Das Pferd wird unterfordert und langweilt sich. Besonders bei intelligenten und wachen Pferden muss sich der Reiter etwas einfallen lassen, um sie aufmerksam und interessiert zu halten – ansonsten wird er nur eine zähe Reaktion und halbherzige Mitarbeit erhalten.

Viele Probleme haben ihre Hauptursache in der dauerhaft falschen Verwendung des Zügels sowie in mangelnder Konsequenz bei der Durchsetzung von erzieherischen Maßnahmen.

Die Kardinalfehler:

Ausweichmanöver des Pferdes

A.1. Unkontrolliertes Tempo:

Das Pferd rennt

Der Reiter versucht, es durch einfaches Ziehen am Zügel zu bremsen. Schlimmstenfalls benutzt er ein schärferes Gebiss, um das Pferd halten zu können.

Wenn ein Pferd den Hilfen des Reiters dauerhaft davonrennt, durchgeht oder die Paraden nicht annimmt, so kann das verschiedene Ursachen haben. Nur, wenn die Hauptursache klar ist, können wirksame Gegenmaßnahmen ergriffen werden.

Solche Verschnürungen sind im Allgemeinen völlig unnötig, wenn das Pferd eine vernünftige Ausbildung bekommen hat.

Ursache: Gleichgewichtsprobleme

Das Pferd hat nicht gelernt, sich mit dem Reitergewicht auszubalancieren. Es läuft dem Gewicht davon, bekommt – besonders im Galopp – noch mehr Balanceprobleme und versucht, sein Gleichgewicht zu erhalten, indem es die Hand des Reiters als fünftes Bein missbraucht. In solchen Fällen muss der Reiter sein Pferd so lange im Schritt und kontrolliertem (langsamem) Trab arbeiten und mit Tempo- und Gangartenwechseln gymnastizieren und ausbalancieren, bis das Pferd gelernt hat, für eine Parade seine Hinterbeine unterzusetzen.

Zudem muss der Reiter bei diesen Paraden aus langsamem Tempo immer bestrebt sein, den Zügel nur ganz kurz anzunehmen und dann wieder loszulassen. Er arbeitet mit der Stotterbremse – auch ABS genannt (siehe Intervalltechnik Kapitel 4) und gibt dem Pferd damit keine Stütze in der Hand. Versucht es, sich auf die Hand zu legen und die Hand gibt nach (verweigert die Stütze), so fällt es schlimmstenfalls auf die Nase, wenn es nicht den anstrengenderen Weg geht und die Hinterbeine zum Bremsen unterschiebt.

Eine richtige Parade setzt jedoch voraus, dass das Pferd auch vorher schon keine Stütze in der Hand gefunden hat und dass es seine Hinterbeine tatsächlich benutzt hat und Energie von hinten produziert hat. Aus diesem Grund muss der Reiter das Pferd auch vor einer Parade vorwärts reiten so dass die Hinterhand aktiv wird.

Sie müssen also – um beim Beispiel des Autos zu bleiben – erst Gas geben, bevor Sie anhalten (oder langsamer werden) können.

Anfangs müssen Sie öfter und in kurzen Abständen hintereinander annehmen und wieder nachgeben. Nehmen Sie die Stimme als temporäre Zusatzhilfe, und loben Sie das Pferd immer dann, wenn es stehen bleibt. Lassen Sie ihm eine kurze Pause, damit es das Stehenbleiben mit etwas Angenehmem (nämlich der Pause zum Ausruhen) verbindet.

Mit der Zeit werden Sie den Zügel nur noch für einen kurzen Impuls brauchen und das Pferd hält auf Gewichtshilfe und Stimmhilfe an bzw. fällt in die geforderte niedrigere Gangart bzw. verlangsamt das Tempo.

Ursache: Erziehungsprobleme

Es gibt Reiter, die erziehen ihr Pferd geradezu zum Durchgehen oder Rennen. Wenn Sie Ihrem Pferd z.B. im Gelände erlauben, dass es von sich aus angaloppiert, wenn die bekannte Galoppstrecke kommt, so müssen Sie sich nicht wundern, wenn es das gewohnheitsmäßig tut – auch wenn Sie es gerade einmal nicht wollen. Auch wenn Sie ihm durchgehen lassen, dass es sein Tempo in schnellerer Gangart selbst bestimmt, sind die Bremswegprobleme vorprogrammiert.

Prinzipiell müssen Sie Ihr Pferd immer so reiten, dass Sie es jederzeit anhalten können. Das erfordert eine vernünftige Grundausbildung/Gymnastizierung (s.o.), konsequente Erziehungsarbeit, Geduld und Durchhaltevermögen. Und außerdem ein großes Maß an Selbstbeherrschung, denn Sie dürfen ein junges oder unerzogenes Pferd im Gelände unter Umständen monatelang nur im Schritt reiten, damit es nicht lernt, sich gegen Ihre Hilfen zur Wehr zu setzen (bzw. bei Korrekturpferden: damit sie vergessen, dass sie früher unkontrolliert rennen durften).

Angst: Auch die Ursache »Angst« z.B. bei einem durchgehenden Pferd basiert auf einem ungelösten Erziehungsproblem: das Angstbewältigungsprogramm ist nicht konsequent durchgeführt worden, das Pferd hat nicht gelernt, dem Reiter vollständig zu vertrauen.

Ursache: Schmerz

Das Pferd hat bei bestimmten Bewegungen Schmerzen und läuft dem Schmerz davon. Besonders Pferde mit Rückenproblemen tun dies häufig. Eine schärfere Zäumung z.B. ist in solchen Fällen kontraproduktiv, weil sie zudem auch noch einen Schmerz im Maul hervorruft, gegen den das Pferd zusätzlich anrennt.

Schmerzen sind nur durch Aufbautraining in langsamem Tempo in den Griff zu bekommen. Gangarten oder Lektionen, die besonders problematisch sind, müssen eine Weile ausgespart werden. Oft helfen Boden- und Longenarbeit weiter: das Pferd muss ohne das Reitergewicht gymnastiziert und sinnvoll beschäftigt werden.

A.2. Das Pferd geht nicht vorwärts:

Während das eine Pferd einem Schmerz davonzurennen versucht, geht das andere unter Umständen nicht mehr vorwärts. Es hält den Rücken fest, weil es Schmerzen erwartet, wenn es sich loslässt. Damit blockiert es die Energie aus der Hinterhand und jegliche treibenden Hilfen (siehe auch folgender Abschnitt: B. das Pferd unterbricht den Spannungsbogen).

Bei solchen verspannten Pferden nützt es nichts, sich mit Gerte und Sporen zu bewaffnen und sie beständig damit zu traktieren. Damit stumpft man ein Pferd nur immer mehr ab.

Das Pferd muss stattdessen lernen, dass nichts wehtut, wenn es mit locker schwingendem Rücken vorwärts geht. Entspannen Sie es mit Trailübungen im Schritt (erst ohne Reiter, später auch mit Reiter) bei denen es aufpassen und hinsehen muss, wohin es tritt: ungleich hoch liegende Stangen, Labyrinthe etc. Später kann Cavalettitraining an der Longe oder im Roundpen im Trab und danach das gleiche unter dem Reiter erfolgen. Das Pferd muss mit der Zeit »vergessen«, den Rücken festzuhalten. Dazu muss es

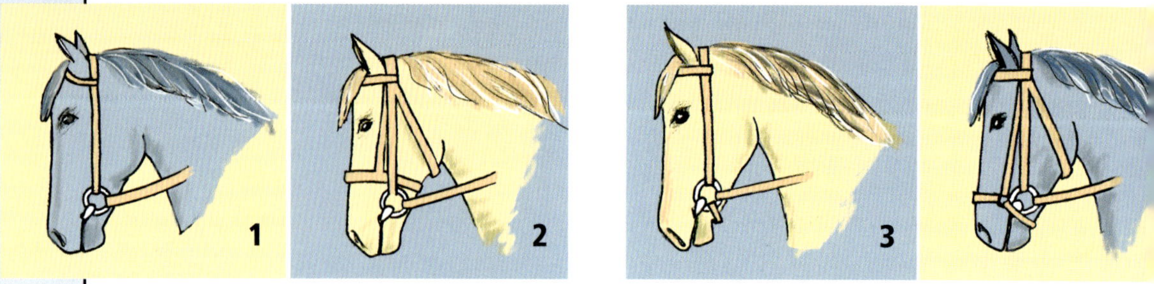

Viele Probleme werden durch unzweckmäßige Gebisse und »Verschnürungen« ausgelöst. Sie verursachen dem Pferd Beschwerden oder gar Schmerzen.
Prinzipiell gilt immer: Weniger ist mehr.

Abbildungen von links nach rechts
1. Trensengebiss ohne Nasen- und Kinnriemen. Gut gerittene Pferde brauchen nicht mehr als diese Minimalausrüstung am Kopf.

2. englische Verschnallung des Nasenriemens: bei genügend hoher und lockerer Verschnallung ist dies ein akzeptabler Nasenriemen, wenn auch oft unnötig

3. Trense mit Kinnriemen, der verhindern soll, dass der Reiter das Gebiss durchs Maul zieht – bei noch nicht ganz sicher ausgebildeten Pferden zu empfehlen.

4. Eine Verschnürung, die überall klemmt: der hannoversche Nasenriemen. Er klemmt die Maulwinkel ein und behindert die Atmung, weil er fast immer zu tief liegt.

abwechslungsreich beschäftigt werden. Bei der Trabarbeit trabt der Reiter möglichst leicht, um sich selbst und dem Pferd die Sache zu erleichtern.
Junge Pferde gehen manchmal nicht vorwärts, weil sie sich in schnellerem Tempo noch nicht richtig unter dem Reiter ausbalancieren können. Durch längeres Schrittreiten im Gelände lernt ein solches Pferd mit dem Reitergewicht umzugehen.
Manche Pferde sind auch tatsächlich nur faul und ignorieren die treibenden Hilfen des Reiters (oder haben nie richtig gelernt, auf feine Hilfen zu reagieren). Bei diesen muss der Reiter ganz

links
Zäumung: Weniger ist mehr. Dieses Pferd streckt sich an der Doppellonge zufrieden am Sidepull.

unten
Der Vorteil des doppelt gebrochenen Gebisses liegt auf der Hand. Es bildet keine Spitze Richtung Gaumen des Pferdes.

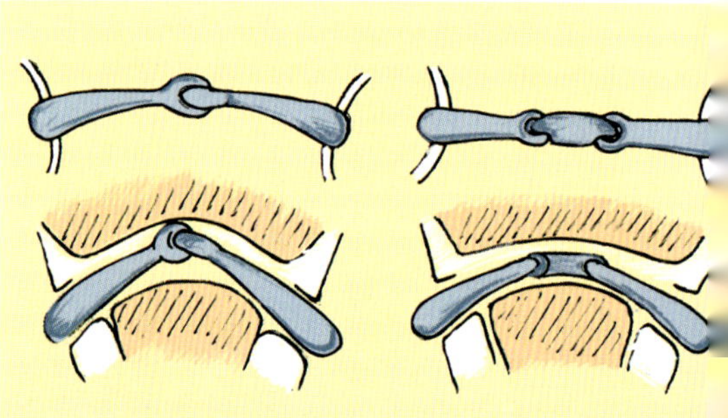

deutlich zeigen, dass er es ernst meint, wenn er mehr Energie aus der Hinterhand, mehr Tempo, fordert.

Folgt auf einen leichten Schenkeldruck keine Reaktion und auf eine zusätzliche Stimmhilfe immer noch keine, so wird beides nicht etwa dauernd mit wachsender Intensität wiederholt. Setzen Sie lieber die Gerte einmal richtig ein – so dass sie das Pferd wirklich spürt. Ist es auch auf die Gerte abgestumpft, so binden Sie vielleicht einen Plastikfetzen daran, so dass sie Furcht einflößender aussieht. Es geht einfach darum, einem abgestumpften Pferd eine prompte Vorwärts-Reaktion zu entlocken. Macht es einen Satz vorwärts, so haben Sie gewonnen –

Roundpenarbeit und entspannter Schritt im Gelände helfen bei vielen Problemen mit der Temporegulierung.

Hier ist ein deutlicher Bruch im Spannungsbogen zu sehen. Das Pferd ist übereifrig und zieht die Ausbilderin praktisch mit dem Maul hinter sich her – es geht völlig hinter dem Zügel (überrollt sich).

und sollten das Pferd dafür loben. Nach ein paar Aktionen dieser Art sollte das Pferd auf einen leichten Schenkeldruck reagieren. Tut es das, muss dieser Schenkeldruck jedoch sofort aussetzen. Ein beständig klopfender Schenkel eines schlecht sitzenden Reiters macht jeden Erfolg einer solchen Sensibilisierungsaktion zunichte.

B. Das Pferd unterbricht den Spannungsbogen

Das Pferd entzieht sich der Zügeleinwirkung, indem es sich hinter dem Zügel verkriecht, auf den Zügel legt oder über dem Zügel geht.

Ursache aller Ausweichmanöver des Pferdes im Bereich des Zügels ist ein Bruch im Spannungsbogen. Das Pferd geht nicht über den Rücken. Es blockiert die Energie aus der Hinterhand, indem es den Rücken weg- und den Hals hochdrückt oder mit einem falschen Knick im Hals jede Zügeleinwirkung ins Leere laufen lässt.

Was tun?

Das Pferd muss in diesem Fall lernen, den Zügel als Hilfe überhaupt anzunehmen. Der Reiter muss durch geschickte Einwirkung mit der Hand dem Pferd alle Ausweichmanöver unbequem machen und eine richtige Reaktion durch eine vorsichtig nachgebende Hand belohnen. Das ist nur über die verschiedenen Biegeübungen (besonders gut durch Schulterherein) möglich, denn eine korrekte Biegung erlaubt dem Pferd nicht mehr, den Spannungsbogen zu unterbrechen. In der Biegung kann es sich dem äußeren Kontroll-Zügel nicht mehr entziehen.

Versucht der Reiter jedoch mit Hilfszügeln Kopf und Hals des Pferdes in Form zu bringen, so kann das Pferd durchaus noch hinter dem Zügel gehen, den Unterhals hochdrücken und den Rücken durchfallen lassen.

C. Keine Richtungskontrolle

Das Pferd unterbricht die Längsbiegung, den seitlichen Spannungsbogen.

Entweder driftet das Pferd über die äußere Schulter aus einer Wendung (z.B. aus dem Zirkel) heraus oder es fällt über die innere Schulter in die Wendung hinein.

Landläufig sagt man »Das Pferd läuft über die Schulter weg« bzw. »Das Pferd kippt in die Wendung hinein«.

Herausdriften und Hereinfallen haben Ihre Standardursache darin, dass das Pferd seine für eine Wendung notwendige gleichmäßige Längsbiegung unterbricht und seinen Schwerpunkt nicht unter den des Reiters bringt (nicht unter das Reitergewicht läuft).

Das Pferd läuft über die Schulter weg,

1. wenn es sich nicht in den Rippen biegen kann (Längsbiegung), weil es nicht gut genug gymnastiziert ist und ihm die ganze Sache zu anstrengend ist.
2. wenn es Probleme mit dem Untersetzen des inneren Hinterbeines hat und sich deswegen diagonal nach außen schiebt.
3. wenn der Reiter vergisst, den äußeren Zügel und Schenkel zur Kontrolle einzusetzen. Das Pferd kann so den Hals fast rechtwinklig abknicken und im restlichen Körper gerade bleiben (und geradeaus laufen).
4. der Reiter dauerhaft am inneren Zügel zieht. Das Pferd bleibt deswegen in der Haltung, die ihm das Ausweichmanöver (über die Schulter weglaufen) ermöglicht.
5. der Reiter seinen Schwerpunkt bei Beginn der Wendung nicht über dem des Pferdes hat.
6. das Pferd dem Gewicht des Reiters nicht in die Wendung folgt, sondern sich gegen die Gewichtshilfe wehrt. Die Schwerpunkte von Reiter und Pferd klaffen auf diese Weise immer weiter auseinander.

Zeichnung unten:
Diese beiden Zeichnungen zeigen die Wirkung von falsch eingesetzten Hilfszügeln. Der Grundsatzfehler – die fehlende Hinterhandarbeit – wird durch eine erzwungene Haltung kaschiert.
Beide Pferde unterbrechen den korrekten Spannungsbogen im Rücken.
Die Hinterhand tritt nicht unter, sondern schleift nach. Das linke Pferd drückt den Unterhals hoch, das rechte überrollt sich und legt sich auf die Hand wie das Pferd links auf dem Foto.

Was tun?

Statt einfach am inneren Zügel zu ziehen (was prinzipiell falsch ist), richten Sie Ihre Aufmerksamkeit auf die Kontrolle der äußeren Schulter des Pferdes. Schauen Sie einfach in die Richtung, in die Sie reiten wollen – das reicht als Gewichtsverlagerung zum Abwenden – und lassen Sie den äußeren Zügel dran. Das Pferd läuft unter Ihr Gewicht und wendet ab. Es kann sich nicht im Hals verbiegen, weil Sie am äußeren Zügel den Grad der Biegung im Hals kontrollieren. Es bekommt die äußere Schulter nicht frei und kann deswegen nicht über die Schulter wegdriften. Für alle Wendungen ist der äußere Zügel viel bedeutender als der innere, weil der

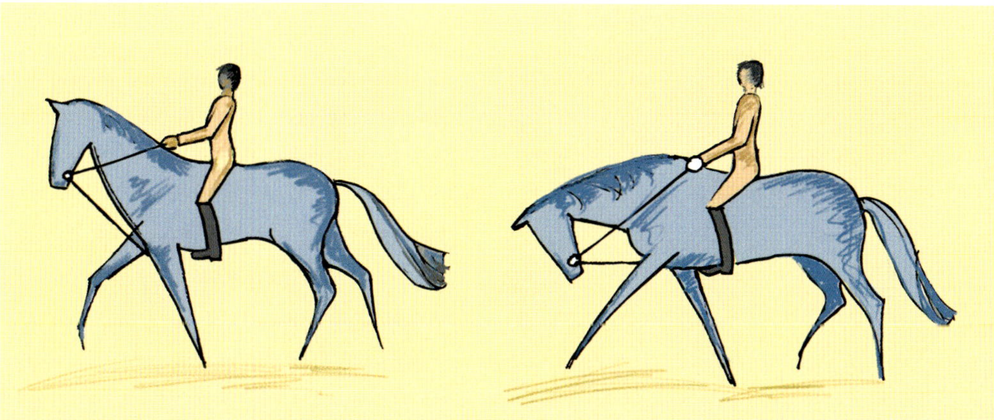

Normalerweise reicht es für eine Wendung aus, dass der Reiter hinschaut, wohin er reiten will.

Reiter Stellung und Biegung nur über den äußeren Zügel effektiv kontrollieren kann.

Bei besonderen Schwierigkeiten kann man das Pferd sogar in Außenstellung auf dem Zirkel reiten. Das ist dann sinnvoll, wenn das Pferd mit dem inneren Hinterbein extrem nach außen schiebt. Dabei wechselt das Pferd jedoch die Innen- und Außenseite. Das Gewicht des Reiters wird nach wie vor in Bewegungsrichtung verlagert (mit Blickrichtung auf die Zirkellinie); es kommt jedoch auf die äußere, jetzt gedehnte Seite des Pferdes, da das Pferd ja in Gegenrichtung gestellt wurde. Der vormals innere stellende Zügel wird zum äußeren, kontrollierenden, der vormals äußere nun zum stellenden inneren. Diese Stellung hat den Vorteil, dass das Pferd nicht freiwillig nach innen driftet. Das vormals innere Hinterbein wird zum äußeren und schiebt das Pferd nicht mehr nach außen weg, obwohl es durch die Konterstellung des Pferdes trotzdem gut unter den Schwerpunkt treten muss.

Das Pferd kippt über die innere Schulter in die Wendung hinein (und verkleinert sie unaufgefordert), wenn:

1. es sich nicht in den Rippen biegen kann/will und den Hals aus der Schulter heraus versteift,
2. es nicht »durchs Genick« geht,

Bei besonderen Schwierigkeiten kann man das Pferd auch in Außenstellung auf dem Zirkel reiten.

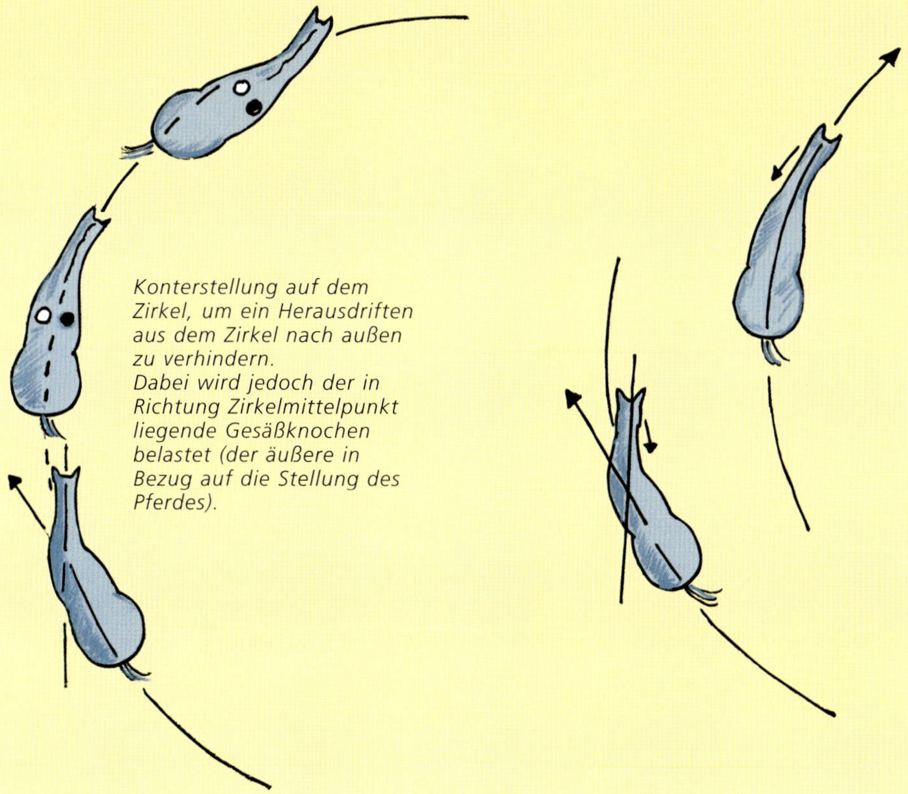

Konterstellung auf dem Zirkel, um ein Herausdriften aus dem Zirkel nach außen zu verhindern. Dabei wird jedoch der in Richtung Zirkelmittelpunkt liegende Gesäßknochen belastet (der äußere in Bezug auf die Stellung des Pferdes).

3. es mit dem äußeren Hinterbein verstärkt nach innen schiebt,
4. der Reiter vergisst, den inneren Schenkel einzusetzen, um die Rippenbiegung zu erhalten,
5. der Reiter am inneren Zügel nach hinten zieht, statt die Hand etwas zur Seite zu nehmen,
6. der Reiter sein Gewicht zu stark nach innen verlagert.

Was tun?

Stellen Sie das Pferd noch stärker nach innen. Der innere Schenkel liegt kontrollierend am Gurt, der äußere etwas hinter dem Gurt, um eine Längsbiegung zu erreichen.

Das Pferd wird nun zuerst die Wendung noch etwas verkleinern wollen. Muss es dies jedoch in korrekter Biegung tun, so wird ihm dies bald auch wieder zu anstrengend. Nehmen Sie nun Ihr Gewicht ganz leicht auf den äußeren Gesäßknochen – das Pferd wird unter Ihr Gewicht laufen (weil das weniger anstrengend ist, als in der engen Wendung zu bleiben) und in schenkelweichenartiger Stellung den Zirkel wieder vergrößern.

Der äußere Zügel bleibt bei all den Aktionen kontrollierend dran, so dass das Pferd nicht im Hals abknicken kann und dabei ins im vorigen Absatz beschriebene Ausweichmanöver (über die Schulter weglaufen) verfällt.

Korrekturen in Konterstellung

Viele Korrekturen werden durch eine kurzfristige Umdrehung der Hilfen in Konterstellung (also Stellung gegen die Bewegungsrichtung) erleichtert.

Ganz wichtig bei allen Korrekturübungen und Konterstellungen auf gebogenen Linien ist, dass der Schwerpunkt von Reiter und Pferd zu Beginn

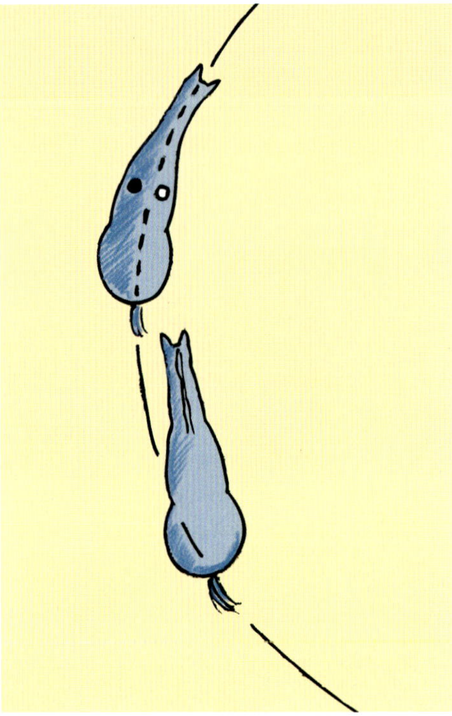

Wenn das Pferd in den Zirkel hineinkippt, muss der Reiter sein Gewicht nach außen verlagern – den äußeren Gesäßknochen belasten, das Pferd aber trotzdem deutlich, oft sogar überdeutlich nach innen stellen. Ein Anheben der inneren Hand hilft oft dabei.

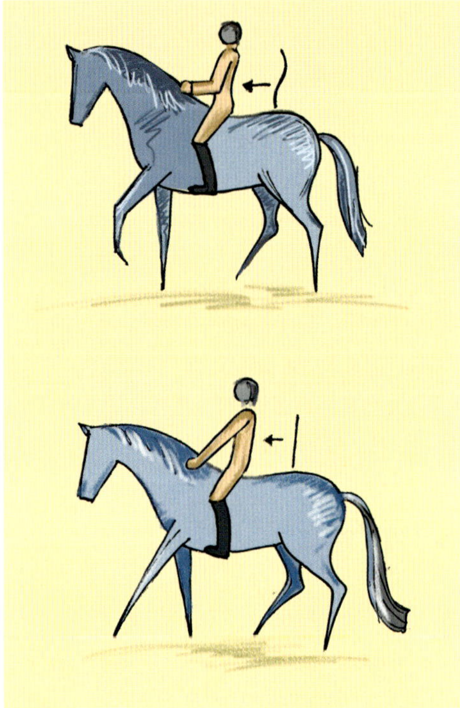

oben: Diese Handhaltung ist ok – das Wirbelsäulen-S bleibt erhalten.

unten: Die Hand wird heruntergedrückt und stellt die Wirbelsäule in die gerade, blockierende Stellung; diese fehlerhafte Handhaltung blockiert die Rückenbewegung sowohl des Reiters als auch des Pferdes.

aller Lektionen übereinander liegen muss. Ist das Pferd schon vom Reiterschwerpunkt weggedriftet, so muss der Reiter erst einmal seinen Schwerpunkt wieder über den des Pferdes bringen, bevor er mit irgendwelchen Korrekturmaßnahmen eingreifen kann. Das bedeutet: Wenn das Pferd nach außen wegdriftet, darf sich der Reiter nicht nach innen hängen, sondern er verlegt kurzfristig auch sein Gewicht nach außen, so dass es wieder über dem Schwerpunkt des Pferdes liegt. Dann nimmt er den äußeren Zügel an, zur Not so stark, dass er das Pferd damit umstellt, zumindest aber das Abknicken des Halses verhindert. Erst dann kann er sein Gewicht wieder in Richtung der Zirkellinie verlagern und das Pferd damit auffordern, seinem Gewicht zu folgen.

Spiralt sich das Pferd mit geradem Hals nach innen, so folgt der Reiter zuerst mit seinem Gewicht, versucht dann, das Pferd zu biegen und verlegt erst, wenn das Pferd signalisiert, dass es gerne den Zirkel wieder vergrößern möchte, sein Gewicht leicht auf den äußeren Gesäßknochen – solange, bis die Zirkellinie erreicht ist. Dann setzt er sich wieder so, dass beide Gesäßknochen in der Wendung weitgehend gleichmäßig belastet werden – der innere bei Bedarf minimal stärker, um das Pferd in der Wendung zu halten.

Korrekturen in Konterstellung

Viele Korrekturen werden durch eine kurzfristige Umdrehung der Hilfen in Konterstellung erleichtert.

Wichtig bei allen Korrekturübungen und Konterstellungen auf gebogenen Linien ist jedoch, dass der Schwerpunkt von Reiter und Pferd zu Beginn aller Lektionen übereinander liegen muss.

Reiterfehler

D. Kein unabhängiger Sitz

Der Reiter kann seine Gewichts- und Schenkelhilfen nicht kontrolliert geben und seine Hände (und damit die Zügel) nicht unabhängig vom Sitz bzw. unabhängig voneinander bewegen.

Um das zu verbessern, muss der Sitz des Reiters verbessert werden.

Das Erspüren der Sitzknochen und deren Belastungsgrad sind essenziell für eine richtige Gewichtsverlagerung. Das bewusste »Geradesetzen« und Wegnehmen von Druck (z.B. Schenkeldruck) muss dem Reiter in Fleisch und Blut übergehen, damit das Pferd durch das Wegnehmen von Druck in seiner Reaktion bestätigt und belohnt werden kann.

Arme und Hände müssen aus einer lockeren Schulter frei getragen werden und völlig unabhängig unterschiedliche Bewegungen ausführen können (siehe Sitz – Kapitel 3).

Solange der Oberarm nicht locker in jeder Gangart hängen kann, ist eine richtige Zügeleinwirkung unmöglich, weil die Hand an das Auf und Ab des Pferderückens gekoppelt ist.

Die manchmal gegebene Anweisung, die Hände auf dem Mähnenkamm des Pferdes aufzustellen, um sie ruhig zu halten, macht sie nur noch steifer und unbeweglicher, weil der Reiter mit dieser Hand- und Armhaltung zusätzlich den Ellenbogen und die Schulter nach vorn streckt und versteift.

E. Der Reiter benutzt seine Hilfen nicht in der Intervalltechnik

Er ist zu starr mit der Hand, klemmt mit dem Schenkel fest und nimmt Gewichtsverlagerungen nicht zurück. Kurz: Er setzt die Hilfen nicht aus, wenn sie ihren Zweck erfüllt haben, d.h. eine Reaktion des Pferdes bewirkt haben.

Eine differenzierte Kommunikation, ein belohnendes »Nichtstun« bzw. Nachgeben mit dem Zügel sind deswegen nicht möglich.

Auf dem Zirkel auf der linken Hand in Konter-/Außenstellung (hier Rechtsstellung).

E.1. Der Reiter trennt die Wirkungsweise von äußerem, kontrollierendem Zügel und innerem, stellendem Zügel nicht gut genug voneinander. Das sorgt bei vielen Pferden für Verwirrung.
Prinzipiell gilt: der äußere Zügel bleibt normalerweise kontrollierend dran, der innere sorgt nur für die Stellung und wird dann nachgegeben. Das Pferd sollte immer »am äußeren Zügel stehen«, d.h. über den äußeren Zügel kontrolliert werden können. Der innere wird bei einem gut gymnastizierten Pferd zunehmend unwichtig. Deswegen ist auch die einhändige Kontrolle (z.B. beim gut ausgebildeten Westernpferd) über den äußeren Zügel möglich, ohne dass sich das Pferd nach außen umstellt.

F. Der Reiter bleibt zu passiv

Das Idealbild eines ruhig und gut sitzenden Reiters mit unsichtbarer Hilfengebung und weicher Hand verleitet den unbedarften Betrachter manchmal zur Annahme, dass der Reiter nichts mehr tun müsse, wenn das Pferd einen bestimmten Ausbildungsgrad erreicht hat. Das ist ein Trugschluss. Jedes weit ausgebildete Pferd muss »auf Stand gehalten werden«. Dazu muss der Reiter mit weicher Hand und differenzierten Gewichtshilfen einwirken.
Die so genannte weiche Hand des Reiters ist jedoch keine Hand, die starr und unveränderlich am Platz stehen bleibt. Es ist vielmehr eine kommunikative Hand, die ständig Signale gibt und das Pferd im Maul beschäftigt: belohnendes Nachgeben und aufmerksam machendes Annehmen in Verbindung mit Paraden. Dass man diese Signale beim fein gerittenen Pferd nicht mehr sieht, ist die Kunst dabei. Bei einem jungen Pferd wird man sie sehen und das ist auch ganz richtig so, denn junge Pferde müssen mit sehr deutlichen Hilfen geritten werden. Dazu gehört z.B. auch einmal eine seitlich weit herausgeführte Hand.
Kein Reiter kann sich auf Dauer bequem zurechtsetzen und bis zur nächsten Lektion nichts mehr tun. Zwar ist es richtig, dass alle Hilfen möglichst aussetzen, wenn nichts vom Pferd verlangt wird. Es gibt jedoch kaum ein Pferd, welches bei einem völlig passiv sitzenden Reiter nicht auf den Gedanken kommt, sich die Arbeit zu erleichtern. Ein leichtes Spiel am Zügel – ein Eindrehen der Hand am Kontrollzügel, eine minimale Parade zeigen dem Pferd, dass der Reiter aufpasst und keinen Schlendrian zulässt. Das gilt auch für die Minimalhilfengebung beim Westernpferd. Immer wieder wird das Gebiss etwas im Maul des Pferdes bewegt, um dem Pferd zu sagen: bleib' aufmerksam, leg' dich nicht auf den Zügel, etc.
Eine entspannte »Hab-Acht-Haltung« des Reiters ist auch die Voraussetzung dafür, dass er ein unerwünschtes Verhalten des Pferdes rechtzeitig erkennt und korrigieren kann, bevor ihm das Pferd aus der Kontrolle geraten ist. Schnelle, artgerechte und angemessene Reaktionen auf angedeutete Ausweichmanöver des Pferdes machen den guten Reiter aus.

Die Hände müssen frei getragen werden, der Ellbogen hängt senkrecht aus der Schulter herunter. Das gilt für alle Reitweisen.

Abstellung 120 ff
Anatomie 42ff, 80ff
Angst/Angstbewältigung 44, 114ff
Alphatiere (-> Rangfolge) 12ff
Anlehnung 126ff
Aufmerksamkeit 12ff, 24ff, 32ff, 44, 90, 160
Aufrichtung
- des Reiters im Oberkörper (-> Sitz) 50ff
- des Pferdes (-> Versammlung) 138ff
Ausbildungsskala 83ff
Aussacken 114
Außenstellung (-> Konterstellung) 120ff, 156
Ausweichmanöver des Pferdes 147ff

Balance (-> Gleichgewicht) 16ff, 50ff
Becken kippen (-> Sitz) 64ff, 134
Belohnung 12ff, 89
Bewegungsmuster 38ff
Bewegungsrichtung 120ff
Biegung 117ff
blockierende Kreuzhilfe (-> Sitz) 135
Bosal (-> Jaquima) 97

Dehnung (-> Anatomie) 122
Diagonale (-> Sitz) 64, 83
Druck und Gegendruck (-> Intervalltechnik)
89ff, 103f, 158
Durchlässigkeit 126ff

effektive Bewegungen 36ff
Energie aus der Hinterhand (-> vorwärts) 80, 89
Erziehung 114ff

Fähigkeiten des Reiters 49ff
faule Pferde 158
Fehlerquellen 145f

Gangartenwechsel 128
Geraderichten 117ff
Gewichtsverlagerung (-> Gewichtshilfen)
57ff, 69ff, 103
Gleichgewicht, inneres und äußeres
(-> Gewichtshilfen) 16ff, 50ff, 67ff, 99ff
Gymnastik für den Reiter 66f
Gymnastik fürs Pferd 79ff

Haltung des Reiters (-> Sitz) 27ff, 50ff, 158
Hackamore, mechanische 97
Herdenverhalten 11ff
Hinterhand aktivieren (-> Untertreten) 80, 128
Hinterhandwendung 109ff,
Hilfen (-> Signale) 28f, 31f, 33ff, 46ff, 76ff
- Grundsätze der Hilfengebung 39ff
- einfache Hilfen 46ff
- komplexe Hilfen 76ff, 85ff
- aktive und passive Hilfen 39ff, 71f, 85ff, 118f
- Differenzierungen 86
- Gewichtshilfen (-> Gleichgewicht) 57ff, 69ff
- Stimmhilfen 34ff, 90, 134
- Schenkelhilfen 28f
- Zügelhilfen (-> Zügeleinwirkung) 28f, 93ff
- in der Intervalltechnik 87f, 103, 158
- Hilfensysteme 8ff, 46ff, 76ff, 141
- Hilfenkürzel (-> Hilfenminimierung) 23f, 40
Hohlkreuz (-> Haltung) 57, 60

Kandare 96ff
Körperbewusstsein 36ff
Körpersprache (-> Hilfen) 14ff, 20ff, 34ff
Konterstellung 120ff, 156
Konterschulterherein 120ff, 122
Kontrolle (-> Richtungskontrolle) 100, 153ff
Kontrollzügel (-> äußerer Zügel) 95, 120 ff, 154, 158
Konzentration 8ff, 116
Koordination 107ff

Losgelassenheit 104ff

Massenträgheit (-> Paraden) 132

Nasenriemen 96, 150

Paraden geben 65, 131ff
Pelham 96f
Problemlösung (-> Problemanalyse) 142ff
Programmierung 134
Psychologie 42ff

Rangfolge (-> Alphatiere) 12ff
Reichweitenverlängerer (-> Verstärkungen) 30ff
Reiterfehler 157ff
Renvers 120ff, 122
Respekt (-> Alphatiere, Vertrauen) 11ff, 44, 114ff
Rückwärtsrichten 73ff, 108f
Rücken des Pferdes (-> Anatomie) 42ff, 80ff
Ruhe 8ff, 116

Schmerz (-> Angst) 44f
Schubkraft 129f
Schulterherein 120ff, 122f
Schwerpunkt (-> Gleichgewicht) 67ff, 102f, 156
Schwung 127
Seitengänge 120ff
Sensibilisierung (-> Hilfen in der
Intervalltechnik) 23f, 33, 89ff, 107ff,
Sitz des Reiters 29ff, 50ff, 64, 87
- im Schritt 52ff
- im Trab 55ff – im Leichttraben 58ff
- im Galopp 60ff
- passiver Sitz 159f
- unabhängiger Sitz (-> Gleichgewichtssitz) 50ff, 157
Snaffle with Shanks 96f
Souveränität 8ff, 116
Spannungsbogen 75, 81ff, 102, 152
- Bruch im Spannungsbogen 81
- falscher Knick 81
- auf, über, hinter dem Zügel 81

Takt 99ff
Tempokontrolle 88, 147ff
Tempowechsel 132
Timing 49
Tragkraft (-> Anatomie) 46ff, 84ff, 131ff
Trail 112ff
Travers 124ff, 127f
Traversale 124ff, 129f
Trense 100, 154

Untertreten (-> Spannungsbogen -> Versammlung -> Vorwärts) 77f, 92f

Versammlung (-> Aufrichtung) 138ff
Verständnis 13ff
Verstärkungen 30ff, 71f, 85
Vertrauensaufbau (-> Angstbewältigung)
44, 114ff
Vorhandwendung 109ff
Vorwärts reiten (-> aktive Hinterhand) 80, 88f

Wechselspannung 52

Zentrifugalkraft (-> Fliehkraft) 101, 119
Zügeleinwirkung 93ff
- innerer und äußerer Zügel 95, 154, 157
- auf, über, hinter dem Zügel (-> Bruch im
Spannungsbogen) 81ff, 133
Zügelführung/-einwirkung 93ff, 98
Zäumungen (-> Gebisse) 96f